MARCO POLO

FLORENZ

MARCO POLO AUTORIN

Caterina Romig Ciccarelli

Caterina Romig Ciccarelli wurde in Florenz geboren. Kindheit und Jugend verbrachte sie in Berlin, bevor sie zum Studieren an der Accademia di Belle Arti in ihre geliebte Geburtsstadt zurückkehrte. Heute lebt sie mit ihrer jungen Familie über den Dächern der Stadt und arbeitet in einer Eventagentur. Sie ist also mitten drin im Geschehen und hört hier – wie man so sagt – sogar die Flöhe husten.

REIN INS ERLEBEN

Mit dem digitalen Service von MARCO POLO sind Sie noch unbeschwerter unterwegs: Auf den Erlebnistouren zielsicher von A nach B navigieren oder aktuelle Infos abrufen – das und mehr ist nur noch einen Fingertipp entfernt.

Hier geht's lang zu den digitalen Extras:

http://go.marcopolo.de/flo

Touren-App

Ganz einfach orientieren und jederzeit wissen, wo genau Sie gerade sind: Die praktische App zu den Erlebnistouren sorgt dank Offline-Karte und Navigation dafür, dass Sie immer auf dem richtigen Weg sind. Außerdem zeigen Nummern alle empfohlenen Aktivitäten, Genuss-, Kultur- und Shoppingtipps entlang der Tour an.

HTTP://GO.MARCOPOLO.DE/FLO

Update-Service

Immer auf dem neuesten Stand in Ihrer Destination sein: Der Online-Update-Service bietet Ihnen nicht nur aktuelle Tipps und Termine, sondern auch Änderungen von Öffnungszeiten, Preisen oder anderen Angaben zu den Reiseführerinhalten. Einfach als PDF ausdrucken oder für Smartphone, Tablet oder E-Reader herunterladen.

6 **INSIDER-TIPPS**
Von allen Insider-Tipps finden Sie hier die 15 besten

8 **BEST OF ...**
- Tolle Orte zum Nulltarif
- Typisch Florenz
- Schön, auch wenn es regnet
- Entspannt zurücklehnen

12 **AUFTAKT**
Entdecken Sie Florenz!

18 **IM TREND**
In Florenz gibt es viel Neues zu entdecken

20 **FAKTEN, MENSCHEN & NEWS**
Hintergrundinformationen zu Florenz

26 **SEHENSWERTES**
28 Südliches San Giovanni
40 Nördliches San Giovanni
45 Santa Maria Novella
49 Santa Croce
53 Oltrarno
59 Außerhalb

62 **ESSEN & TRINKEN**
Die besten Adressen

72 **EINKAUFEN**
Shoppingspaß und Bummelfreuden

SYMBOLE

- INSIDER TIPP – Insider-Tipp
- ★ – Highlight
- ●●●● – Best of ...
- Schöne Aussicht
- Grün & fair: für ökologische oder faire Aspekte
- (*) Kostenpflichtige Telefonnummer

PREISKATEGORIEN HOTELS

€€€ über 170 Euro
€€ 100–170 Euro
€ bis 100 Euro

Die Preise gelten für ein Doppelzimmer pro Nacht, meist mit Frühstück

PREISKATEGORIEN RESTAURANTS

€€€ über 30 Euro
€€ 15–30 Euro
€ bis 15 Euro

Die Preise gelten für ein dem Lokal entsprechendes komplettes Menü

 Auf dem Titel: Zu David in die Galleria dell'Accademia S. 41 | Man trifft sich im Rivoire S. 64

82 **AM ABEND**
Wohin ausgehen?

90 **ÜBERNACHTEN**
Adressen von günstig bis luxuriös

98 **ERLEBNISTOUREN**
98 Florenz perfekt im Überblick
102 Von Santa Maria Novella über die südlichen Höhen
105 Mit dem Bus nach San Domenico und Fiesole
109 Shoppen wie die Florentiner

112 **MIT KINDERN UNTERWEGS**
Die besten Ideen für Kinder

114 **EVENTS, FESTE & MEHR**
Alle Termine auf einen Blick

116 **LINKS, BLOGS, APPS & CO.**
Zur Vorbereitung und vor Ort

118 **PRAKTISCHE HINWEISE**
Von A bis Z

124 **SPRACHFÜHRER**

128 **CITYATLAS & STRASSENREGISTER**

146 **REGISTER & IMPRESSUM**

148 **BLOSS NICHT!**

GUT ZU WISSEN
Kurse → S. 22
Sportbegeisterung → S. 24
Entspannen & genießen → S. 36
Richtig fit → S. 44
City-Sightseeing → S. 56
Medici-Villen → S. 61
Gourmettempel → S. 66
Spezialitäten → S. 68
Maßgeschneidert → S. 80
Bücher & Filme → S. 88
Luxushotels → S. 94
Kahnfahrten → S. 120

KARTEN IM BAND
(130 A1) Seitenzahlen und Koordinaten verweisen auf den Cityatlas und die Übersichtskarte Florenz mit Umland auf S. 140/141
Es sind auch die Objekte mit Koordinaten versehen, die nicht im Reiseatlas stehen.
(0) Ort/Adresse liegt außerhalb des Kartenausschnitts.

(A–B 2–3) verweist auf die herausnehmbare Faltkarte

UMSCHLAG VORN:
Die wichtigsten Highlights

UMSCHLAG HINTEN:
Liniennetzplan der öffentlichen Verkehrsmittel

Die besten MARCO POLO Insider-Tipps

Von allen Insider-Tipps finden Sie hier die 15 besten

INSIDER TIPP Glühende Mosaiken

Wie nirgendwo sonst in Florenz erstrahlen die byzantinischen Mosaiken in der achteckigen Taufkirche, dem *Battistero di San Giovanni*, in goldenem Glanz (Foto o.) → S. 29

INSIDER TIPP Die renommierteste Restaurierungswerkstatt der Welt

Im weltberühmten *Opificio delle Pietre Dure*, einer Akademie für Restaurierungsarbeiten, können Sie den Schülern bei ihrer Arbeit zusehen → S. 43

INSIDER TIPP Trüffelbrötchen und Tomatensaft

Das elegante Florenz nimmt seit 1885 bei *Procacci* seinen Aperitif: In dem historischen Raum schmilzt man schon nach dem ersten *panino tartufato* förmlich dahin → S. 66

INSIDER TIPP Essen mit Revue

Das frühere Salzlager verwandelt sich allabendlich in ein außergewöhnliches Restaurant mit Bühnenprogramm: *Teatro del Sale* → S. 89

INSIDER TIPP Logenplatz über der Stadt

Vom *Forte di Belvedere* haben Sie einen Bilderbuchblick über Florenz zu den Hügeln von Fiesole – sollte dazu noch eine Open-Air-Ausstellung stattfinden, ein unvergessliches Erlebnis! → S. 54

INSIDER TIPP Stadthotel mit Parkplatz

In Florenz eine Seltenheit: mit dem Wagen im Garten des Hotels *Royal* vorzufahren und ihn gleich dort stehenlassen zu können → S. 95

INSIDER TIPP Rosenwasser

Das zarte Acqua di Rose wird in den ehemaligen Klosterräumen der *Officina Profumo-Farmaceutica di Santa Maria Novella* seit 1381 destilliert → S. 75

INSIDER TIPP Laue Sommernächte in Fiesole

Unvergesslich sind die Florentiner Sommernächte nach einer Ballettaufführung des *Estate Fiesolana* unter dem Sternenhimmel im Teatro Romano in Fiesole → S. 107

INSIDER TIPP Pferde vorm Grabmal
In der entweihten romanischen Kirche San Pancrazio können Sie nicht nur die Pferdeskulpturen Marino Marinis, sondern auch den bis vor Kurzem zugemauerten *Sacello Rucellai* besichtigen → S. 46

INSIDER TIPP Kunsthandwerker im Garten der Prinzessin
Zwischen duftenden Pfingstrosen, Zitronenbäumen und Rosen führen im Mai bei der Ausstellung *Artigianato e Palazzo* Kunsthandwerker in ihre Geheimnisse ein (Foto u.) → S. 114

INSIDER TIPP Mittagessen mit Dante
Mittagsmenü für nur 16 Euro in einem der besten und am Abend teuersten Restaurants der Stadt: *Alle Murate* → S. 66

INSIDER TIPP Endlich Raum für die Moderne
Im neuen *Museo Novecento* für italienische Meisterwerke des 20. Jhs. atmet man frische Luft → S. 46

INSIDER TIPP Kino wie im Märchen
Ein Hauch von Hollywood umweht Sie in der *Odeon Cinehall*. Hier sitzen Sie in tiefen Plüschsesseln, umgeben von einem vollständig erhaltenen Kinosaal aus den 1920er-Jahren. An drei Abenden in der Woche werden Filme in englischer Originalsprache gezeigt → S. 88

INSIDER TIPP Lunch in der Markthalle
Wer gut und schnell essen möchte, zwängt sich mit einem Teller Florentiner Hausmannskost auf eine der Bänke bei *Nerbone* oder schlemmt im neu gestalteten Obergeschoss → S. 71

INSIDER TIPP Ein Markt wie einst
Zum *Mercato di Sant'Ambrogio* verirrt sich nur selten ein Tourist. Um die schöne Eisenkonstruktion der Markthalle von 1873 mit ihren Geschäften gruppieren sich draußen die Stände der Obst- und Gemüsehändler → S. 79

BEST OF ...

TOLLE ORTE ZUM NULLTARIF

Neues entdecken und den Geldbeutel schonen

SPAREN

Sonntagskunst

Falls Sie am ersten Sonntag eines Monats in der Stadt sein sollten, haben Sie Glück, denn dann ist *DomenicalMuseo*: Alle staatlichen Museen kosten keinen Eintritt – von den Uffizien über die Medici-Kapellen bis zur Galleria dell'Accademia mit Michelangelos David (Foto) → S. 33

Stadtrundfahrt mit dem Bus C3

Der kleine *Elektrobus C3* fährt durch die engen Gassen des alten Florenz vorbei an Piazza Pitti, Piazza Santa Croce und überquert mehrmals den Arno. Er ist damit die günstigste Stadtrundfahrt, zwar nicht umsonst, aber immerhin für nur 1,20 Euro → S. 122

Freiluft-Skulpturengalerie

Die vielleicht schönste Florentiner Skulpturengalerie liegt im Freien und kostet nicht einmal Eintritt. In der *Loggia dei Lanzi* stehen die Werke großer Künstler wie Giambologna und Cellini, aber auch antike Frauenfiguren → S. 34

Fantastische Aussicht

Die Buslinie 12 bringt Sie die baumgesäumte Serpentinenstraße hoch zum *Piazzale Michelangelo*, auf dem eine Kopie von Michelangelos David steht. Der Panoramablick über Stadt und Arnotal ist atemberaubend, der Eintritt und die Gedanken sind frei → S. 60

Fuochi di San Giovanni

Seit dem 14. Jh. wird am 24. Juni der Schutzheilige von Florenz gefeiert. Aus diesem Anlass schenkt die Stadt ihren Bewohnern und Gästen ein grandioses *Feuerwerk* unterhalb des Piazzale Michelangelo → S. 114

Eine Pause in der Bibliothek

In der *Biblioteca delle Oblate* sitzen Sie fast ungestört unter Klosterarkaden. Brunelleschis Kuppel ist zum Greifen nahe, für die Kinder gibt es einen Spielbereich. Das Ambiente kostet nichts – da gönnt man sich gern einen Cappuccino und eine Brioche dazu → S. 50

Diese Punkte zeichnen in den folgenden Kapiteln die Best-of-Hinweise aus

TYPISCH FLORENZ
Das erleben Sie nur hier

Ponte Vecchio
Am schönsten ist die alte Brücke, wenn die Lichter der Stadt auf dem Arno mit den Juwelen in den kleinen Brückenläden um die Wette glitzern (Foto) → S. 39

Uffizi
Büros *(uffizi)* für die Landesverwaltung sollten hier untergebracht werden, als Cosimo I. den Bau 1559 bei Vasari in Auftrag gab. Heute ist er als *Galleria degli Uffizi* weltberühmt → S. 32

Florentiner Schnäppchen
Früher wurden am *Mercato San Lorenzo* die berühmten Florentinerhüte verkauft. Heute ist es nicht mehr ganz so einfach, hier ein typisch toskanisches Mitbringsel zu finden, aber die Suche danach und ein Bummel machen trotzdem Spaß → S. 78

Den Tag versüßen
Schon immer war das Café *Rivoire* der Ort, um in das Leben von Florenz einzutauchen: Man sieht sich, man trifft sich – und man trinkt hier die beste heiße Schokolade der Stadt → S. 64

Gelato artigianale
Vom einfachen Milchgeschäft zur weltberühmten Eisdiele: *Vivoli* ist trotz vieler anderer guter Eisdielen immer noch die Florentiner Gelateria par excellence! Das nach hauseigenem Rezept hergestellte Eis wird aus den Räumen im Herzen von Florenz für besondere Festlichkeiten sogar bis nach Australien verschickt → S. 65

Mittelalterlicher Luxus
Wollen Sie sich ein Bild davon machen, wie reiche Familien im Florenz des 13. Jhs. lebten? Dann besuchen Sie das Museum der Wohnkultur im *Palazzo Davanzati*. Sie werden überrascht sein, welcher Komfort schon damals geboten wurde → S. 36

Brunelleschis Kuppel erklimmen
Sie ist 116,5 m hoch und dominiert weithin die Silhouette der Stadt. Entscheiden Sie sich unbedingt für die etwas beschwerliche Besteigung der *Domkuppel*, denn oben angekommen, können Sie die Fresken aus dem 16. Jh. in Augenhöhe betrachten → S. 30

TYPISCH

BEST OF ...

SCHÖN, AUCH WENN ES REGNET

Aktivitäten, die Laune machen

REGEN

● *Museo Nazionale del Bargello*
Im einstigen Stadtgefängnis ist die berühmteste Skulpturengalerie Italiens untergebracht. Zu sehen sind u. a. Originale von Donatello oder Michelangelo → S. 51

● *Landschaft im Regen*
Die Landschaft der Toskana hat auch bei Regen ihren Reiz, z. B. wenn Sie ihren Anblick durch die Panoramafenster des Restaurants *Omero* zusammen mit einer *bistecca alla fiorentina* genießen → S. 67

● *Das Machtsymbol der Florentiner*
Der *Dom* gehört noch immer zu den größten Kirchen der Welt. Sein Inneres ist bei jedem Wetter einfach überwältigend → S. 30

● *Religion und Kunst von oben betrachtet*
Selbst in der Kirche thronten die Herrscher über dem Volk (bei einer der Freitagsführungen hören Sie mehr darüber), aber das kleine Gotteshaus *Santa Felicita* mit herrlichen Pontormo-Bildern lohnt immer einen Besuch! → S. 59

● *Sieben Museen unter einem Dach*
Einst lebten hier die Großherzöge der Medici und für eine kurze Zeit sogar die italienische Königsfamilie. Heute beherbergt der *Palazzo Pitti* sieben der berühmtesten Museen der Stadt → S. 57

● *Bunter Glanz an trüben Tagen*
Wer in den Verkaufsraum des *Antico Setificio Fiorentino* tritt, wird vom Glanz der ausgebreiteten Stoffe geblendet: Samt, Seide, Brokat und Taft schimmern hier in allen Farben (Foto) → S. 81

● *Kunst im Renaissancepalast*
Moderne Kunst oder alte Meister – die Ausstellungen in den schönen Räumen des *Palazzo Strozzi* sind stets auf höchstem Niveau → S. 36

ENTSPANNT ZURÜCKLEHNEN

Durchatmen, genießen und verwöhnen lassen

ENTSPANNT

Modernes Spa in einem alten Palazzo
SoulSpace ist ein edles Spa im Palazzo Galletti. Hier können Sie sich Aromamassagen oder einen Hot-Stone-Day gönnen. Perfekte Entspannung garantieren zudem ein Hamam und ein Pool → S. 36

Pause mit Blick
Hoch über der belebten Piazza della Repubblica erholen Sie sich auf der Dachterrasse des Kaufhauses *La Rinascente* bei einem Cappuccino oder einem Snack vom Einkaufsstress → S. 76

Beruhigendes Plätschern im Giardino di Boboli
Die Hektik der Stadt ist im Nu vergessen, wenn Sie im *Giardino di Boboli* zum Plätschern der Wasserspiele auf schattigen Wegen zwischen Statuen, Nymphen und Grotten schlendern (Foto) → S. 54

Mönchsgesänge
In der hoch über der Stadt liegenden Kirche *San Miniato al Monte* herrscht besinnliche Stille. Richtig meditativ wird es, wenn Sie gegen 17.30 Uhr kommen. Dann ertönen aus dem angrenzenden Kloster gregorianische Vespergesänge → S. 61

Entspannen wie die Könige
Das exklusive *Spa des Four Seasons Hotel* ist eingerichtet, als würden hier nur Könige entspannen. Auch wenn Sie sich das Luxushotel nicht leisten können, dürfen Sie sich hier fürstlich verwöhnen lassen → S. 94

Aromatherapie im Park
Im Sommer, wenn die große Glyzinienpergola in Blüte steht und Schwertlilien, Azaleen und Hortensien Sie mit ihrem Duft betören, wirkt ein Bummel durch den *Giardino Bardini* wie eine entspannende Aromatherapie → S. 55

Energie tanken
Im Spa des zentralen *Golden Tower Hotel* können Sie nach zu viel Pflastertreten im Wellness- und Beautybereich neue Energie tanken und den Kopf frei bekommen → S. 36

AUFTAKT

ENTDECKEN SIE FLORENZ!

Florenz ist eine Metropole im Kleinformat und eine der schönsten Städte der Welt. Junge und Alte, Singles und Paare, Kunstsinnige, Gourmets, Shoppingfreaks und Weltenbummler – sie alle sind begeistert von dieser Stadt!
Jeder kann Florenz für sich entdecken, egal wie verschieden die unterschiedlichen Interessen auch sein mögen. Die Jugendlichen sonnen sich auf Plätzen und scharen sich am Abend um Straßenmusikanten, diskutieren vor ***Bars und Trattorien*** und feiern in den Clubs. Genießer füllen Restaurants und Enotheken und wählen mit Kennerblick Schinken, Käse, Wein und Olivenöl aus. Gut betuchte Asiaten, Amerikaner und Europäer schleppen glücklich die Last ihrer Einkäufe, die sie in den ***noblen Shoppingmeilen*** erstanden haben. Und irgendwann begegnen sich alle in den Warteschlangen vor den Uffizien, dem Palazzo Pitti oder der Galleria dell'Accademia wieder. Denn Florenz steht vor allem anderen für die Kunst. Das Ensemble aus Kirchen und Palästen, Plätzen und Gassen, Brunnen und Statuen ist ***ein über Jahrhunderte gewachsenes Gesamtkunstwerk***, das auf der Welt seinesgleichen sucht. Die schönsten Plastiken, Gemälde und Tapisserien sind in den Kirchen und in über 70 Museen der Stadt ausgestellt.

Bild: Blick vom Piazzale Michelangelo

Die Paläste der Stadt wurden über Generationen zu **wahren Schatzkammern** ausgebaut, die meist **von herrlichen Gartenanlagen umgeben** . Viele von ihnen sind für Besucher geöffnet. Aber auch jede Tür mit ihrem bronzenen Handknauf, jedes Fenstergesims und jede Dachtraufe ist oft ein kleines Kunstwerk. Fast alle Sehenswürdigkeiten können Sie zu Fuß erreichen, ohne dass Motorenlärm Ihren Bummel stört, denn das Zentrum ist zum größten Teil verkehrsberuhigt. Seien Sie mutig und biegen Sie einfach ab in die pittoresken Gassen und Gässchen abseits der Hauptrouten. Sie werden unendlich viel Schönes und Interessantes entdecken, das in keinem Reiseführer erwähnt wird. Die Innenstadt ist klein, doch wenn Sie sich wirklich einmal verlaufen sollten, können Sie jeden Florentiner nach dem Dom, dem *duomo*, fragen. Er ist immer in der Nähe – und schon sind Sie wieder mitten drin im Touristenstrom!

Das Zentrum ist zum größten Teil verkehrsberuhigt

Die Lage von Florenz ist unvergleichlich: Der Arno zieht sich mitten durch die Stadt, aus den Gärten der sie umgebenden Hügel leuchten die **von Zypressen umstandenen Villen**. Im Winter und im Frühjahr kann man die schneebedeckten Berge des

Wer Glück hat, erlebt gerade eine Kunstausstellung auf der Piazza di Santa Croce

Pratomagno und des Apennin östlich und nördlich der Stadt sehen. Kluge Stadtplaner haben auch während der letzten Jahre des Baubooms verhindert, dass sich das jahrhundertealte Stadtbild wesentlich verändert. Heute lebt nur noch der kleinste Teil der rund 380 000 Einwohner von Florenz im Zentrum, denn die Wohnpreise gehören inzwischen zu den teuersten Italiens. Florentiner trifft man daher nur noch in der Innenstadt, wenn sie dort zur Arbeit gehen oder – was selten geschieht – in den teuren Geschäften einkaufen.

Ein jahrhundertealtes Stadtbild

Das Zentrum gehört heute den Touristen. Florenz hat wenig Industrie und lebt überwiegend vom Tourismus, der erneut zugenommen hat, weil nun auch Chinesen, Inder, Russen und Osteuropäer die Stadt als Reiseziel entdecken: 2014 wurden annähernd ***13 Mio. Übernachtungen*** in der Provinz Florenz registriert! Im Durchschnitt halten sich Touristen drei Tage in der Stadt auf. Diese reichen bereits aus, um ein abwechslungsreiches Programm zu gestalten, bei dem genug Zeit für die wichtigsten Sehenswürdigkeiten bleibt und Sie trotzdem etwas vom Flair der Stadt mitbekommen. Gehen Sie Ihren Besuch ganz entspannt an. Nur eines der großen Museen und allerhöchstens zwei Kirchen sollten Sie sich am Tag ansehen, damit genug Zeit dazwischen bleibt, um zu schlendern, zu beobachten oder sich einfach treiben zu lassen. Freuen Sie sich auch auf die Abende, an denen Sie in einer der vielen Trattorien und Restaurants die ***berühmte Küche der Toskana*** und ihren nicht weniger berühmten Wein genießen können.

Die Faszination von Florenz machen vor allem ihre ***einzigartigen Schätze aus Kunst und Architektur*** aus. An kaum einem anderen Ort wirkten und lebten so viele weltbekannte Künstler wie in Florenz. Es ist beinahe unmöglich, alle Maler, Bildhauer, Baumeister, Dichter und Philosophen aufzuzählen, die im Laufe der Jahrhunderte an der Gestaltung der Stadt beteiligt waren und so zu ihrem Ruhm beitrugen. Die erste künstlerische Glanzzeit der Stadt lag im 14. und 15. Jh., als hier u. a. Dante seine ***„Göttliche Komödie"*** schrieb und Giotto, Orcagna und Masaccio ihre beeindruckenden Fresken in den Kirchen schufen. Brunelleschi baute die grandiose Domkuppel, und Alberti formulierte die theoretischen Grundlagen für die Kunst der Renaissance. Viele andere folgten. Im 16. Jh. erlebte die Stadt durch die Arbeiten von ***Michelangelo, Raphael und Vasari*** einen weiteren künstlerischen Höhepunkt.

Zu seiner Blütezeit im Mittelalter beeinflusste Florenz Politik, Handel und Kunst in ganz Europa. Doch da blickte die Stadt bereits auf eine über 2000-jährige Geschichte zurück. Funde belegen, dass in Florenz schon zur Villanova-Zeit um 1000 v. Chr. eine Ansiedlung bestanden haben muss. Im Jahre 59 gründeten dann die Römer eine Veteranenkolonie im Arnotal, die sie *Florentia* nannten. Das Forum lag an der Stelle der heutigen Piazza della Repubblica. Auf die Römer folgten Langobarden und Karolinger, und im Jahr 845 vereinigte Lothar, Enkel Karls des Großen, die Grafschaften Florenz und Fiesole. Bereits 1115 war Florenz faktisch eine autonome Gemeinde, und der Grundstein für seinen ***glanzvollen Aufstieg*** war gelegt. Das Baptisterium und die Kirchen San Miniato und Santissimi Apostoli wurden errichtet, und ab dem 13. Jh. entwickelte sich Florenz zu einer europäischen Handelsmetropole.

Die Stadt war reich und mächtig geworden, nicht zuletzt durch ihren ***florierenden Tuchhandel*** und dank des 1252 in Florenz geprägten *fiorino*, der ersten Goldmünze, die bald zum vorherrschenden Zahlungsmittel in ganz Europa wurde. Auch unser heutiges ***Bankwesen*** hat seine Wurzeln in Florenz. Aus dem *banco*, dem Tisch der Geldwechsler, entstand das Wort Bank; und in Florenz wurden auch die ersten Wechsel und die ersten Schecks ausgestellt. Florentiner Bankiers finanzierten die Unternehmungen von Päpsten und Königen. In der Stadt selbst brach ein wahrer Bauboom aus; Kirchen und Paläste entstanden. 1296 entschloss sich der Rat der nun 100 000 Einwohner zählenden Stadtrepublik, den mächtigen Dom zu bauen.

Florentiner Bankiers finanzierten Päpste und Könige

Um diese Zeit begann auch der Aufstieg einer Familie, die die nächsten 300 Jahre das Geschick der Stadt bestimmen sollte: die ***Medici***. Mit ihrem Reichtum, ihrem Kunstsinn und ihrem Mäzenatentum prägten sie maßgeblich Entwicklung und Aussehen der Stadt. Den Medici verdankt Florenz viele seiner bedeutendsten Bauwerke, so den Palazzo Medici Riccardi, den Wohnsitz von Cosimo Il Vecchio mit der wunderschönen Gozzoli-Kapelle, oder die Kirche San Lorenzo mit der ganz mit Halbedelsteinen ausgelegten Cappella dei Principi, dem Mausoleum der Familie. Ebenso gehen die Galleria degli Uffizi mit ihrer weltbekannten Gemäldesammlung oder der Palazzo Pitti mit seinen Kunstschätzen auf die Medici zurück. Auch die ***prächtigen Medicivillen in der unmittelbaren Umgebung*** der Stadt sind heute Touristenmagneten. Und es war eine Frau, Anna Maria Luisa (1667–1743), die letzte dieser mächtigen Familie, die in ihrem Testament verfügte, dass „von den Dingen, die zum Schmuck des Staates, zum Nutzen der Öffentlichkeit und als Anreiz für die Neugier der Fremden(!) bestimmt sind, nichts veräußert oder aus dem Gebiet des Großherzogtums fortgebracht" werden dürfe. Als hätte sie es vorausgesehen, welche Bedeutung die Samm-

Ob Einheimische oder Touristen, beim Mittagsimbiss bei Nerbone sitzen alle dicht an dicht

lungen in der Zukunft für die Stadt haben würden. 1737 fiel jedoch das Großherzogtum Toskana an das Haus Habsburg-Lothringen, welches das Land mit einer kurzen napoleonischen Unterbrechung bis 1859 regierte.

Als Florenz 1865–71 ***Hauptstadt des neu gegründeten Königreichs*** war, erlebte die Stadt ihre zweite Renaissance. Aus repräsentativen Gründen ließ man das alte Marktviertel und das mittelalterliche Ghetto abreißen und dafür die Piazza della Repubblica anlegen. Die große Stadtmauer wurde geschliffen und in ihrem Verlauf die breite Ringstraße gebaut, heute eine der wichtigsten Verkehrsadern. Und drumherum entstanden großbürgerliche Stadtviertel.

Lange hat diese Stadt fast ausschließlich von ihrer glorreichen Vergangenheit gezehrt. Nun wird auch der Moderne immer mehr Raum eingeräumt. Viele der aktuellen Ausstellungen sind ***gegenwarts- oder zukunftsbezogen***. Man bemüht sich, Florenz zu „entstauben", und lässt sich auf Experimente ein. Vom avantgardistischen Theater bis zu Performances ist mittlerweile alles erlaubt und erwünscht.

Viel Modernes vor historischer Kulisse

Die historischen Plätze bilden eine eindrucksvolle Kulisse für ***moderne Installationen und Straßenfeste***. Bei dem künstlerischen Feingefühl, das man hier seit Jahrhunderten entwickelt hat, wird auch das Florenz der Zukunft seine Besucher begeistern. Denn Florenz ist eine Weltstadt – wenn auch im Kleinformat – mit Niveau und Atmosphäre. Und sie macht Spaß. Jedem!

IM TREND

1 Kaffeekultur

Mehr als nur Bohnen In einigen Cafés der Stadt können Sie auch Vernissagen, Buchpräsentationen oder Theater erleben. Im *Meykadeh Libreria Café (Via dei Pepi 14r | www.meykadeh.net) (Foto)* finden regelmäßig Lesungen statt, und das *La Cité Libreria Café (Borgo San Frediano 20r | www.lacitelibreria.info)* ist bekannt für seine Buchauswahl und Kabarettshows.

2 Citybeach

Strand ohne Meer Auch ohne Meer wird in Florenz Beachvolleyball gespielt. Die *Beach Games (www.beachgamesfirenze.it) (Foto)* machen es möglich. Strandluft schnuppern die Florentiner außerdem am *Lungarno Beach* unter dem Ponte San Niccolò am Arno. Hier gibt es nicht nur Beachvolleyball, sondern auch Yogatreffs und Liegestühle. Wer für den Stadtstrandbesuch noch das richtige Outfit sucht, deckt sich bei *Universo Sport (Piazza Duomo 6–8r | www.universosport.it)* ein.

3 Langsame Kunst

Ohne Hast Nehmen Sie sich Zeit, um in die Stadt und ihre besondere Atmosphäre einzutauchen, beispielsweise mit dem Veranstalter *Mercurio*. Bei dessen Stadttouren genießen Sie mit allen Sinnen und erschnuppern sich die verschiedenen Düfte von Florenz *(www.mercurio-italy.org) (Foto)*. Wer sich in aller Ruhe an die Kunst der florentinischen Meister herantasten will, besucht einen Fresken-Workshop und lernt das Handwerk besser kennen *(www.contexttravel.com)*. Mindestens einmal im Jahr heißt es einen Gang zurückschalten, nämlich wenn auch in Florenz der *Slow Art Day* mit Kunst, Diskussionen und gemeinsamem Essen stattfindet *(www.slowartday.com)*.

In Florenz gibt es viel Neues zu entdecken. Das Spannendste auf diesen Seiten

Santo Spirito

4

Tradition trifft Moderne Erkunden Sie die zwei Gesichter von Santo Spirito. Dem Viertel gelingt es, Tradition und Moderne zu verbinden. Neben alteingesessenen Handwerksbetrieben finden Sie hier coole Galerien und Shops. Wer das Viertel erkunden will, beginnt am besten im *Centro Machiavelli (Piazza Santo Spirito 4 | www.centromachiavelli.it) (Foto)*. Dort werden bis heute Schuhe oder Mosaike in Handarbeit gefertigt. Trendgerechte Eigenkreationen bieten die drei Schwestern von *Quelle Tre (Via Santo Spirito 42r)* an. In ihrem Atelier verkaufen sie ausgefallene Kleider und Accessoires. Mit den erbeuteten Mitbringseln schmeckt das Essen auf den Holzbänken der *Osteria Santo Spirito (Piazza Santo Spirito 16r)* mit Blick auf den Markt gleich noch mal so gut.

Stadtgärtner & Bioköche

5

Grün in allen Variationen Schlechte Luft herrscht in Florenz immer seltener seit sich die grüne Lunge der Stadt ständig vergrößert. Zu verdanken ist das u. a. den *Guerrilla Gardeners (www.guerrillagardener.it)*. Sie begrünen die Stadt auf eigene Faust und setzen sich beispielsweise für mobile Gärten auf der Via dell'Agnolo und der Piazza Tasso ein. Sie wollen „grün" urlauben in Florenz? Mieten Sie sich ein umweltfreundliches *Pedicab (www.pedicabfirenze.it)* und runden Sie die Öko-Sightseeingtour mit einem Besuch im *La Raccolta (Via Giacomo Leopardi 2r | www.laraccolta.it | €€–€€€)* ab. Das Biorestaurant gehört zu den leckersten der Stadt. Gleich nebenan wartet *Insoliti Tessuti (Via Giacomo Leopardi 4r | www.insolititessuti.com)* mit coolen Bioklamotten und -Kosmetik auf.

FAKTEN, MENSCHEN & NEWS

CALCIO IN COSTUME

Dass der Fußball *(calcio)* in Florenz schon seit dem 16. Jh. wütet, wird alljährlich am 24. Juni, dem Namenstag des Stadtpatrons San Giovanni, beim traditionellen *Calcio in Costume* oder beim *Calcio Storico* auf der Piazza Santa Croce klar. Einige behaupten sogar, dass die Rangelei der 54 in historischen Kostümen spielenden Männer auf das *harpastum* zurückgeht, das hier von den alten Römern veranstaltet wurde.

Wie sehr sich beim *calcio* die Zeiten und Regeln geändert haben, können Sie jedes Jahr selbst erleben – die hemmungslos-mitreißende Begeisterung der Florentiner jedoch blieb über alle Jahrhunderte gleich *(www.calciostoricofiorentino.it)*.

CHINATOWN

Es gibt sie noch nicht, die Chinatown von Florenz, aber die Asiaten sind aus dem Stadtbild nicht mehr wegzudenken. Mittlerweile leben nahezu 35 000 Chinesen in Florenz und seiner Umgebung – und ihre Zahl steigt weiter an. Schon im Mittelalter wurden in der kleinen, etwa 20 km entfernten Stadt Prato Stoffe hergestellt. Ab Ende der 1980er-Jahre stiegen Tausende Chinesen dort in die Textilindustrie ein. Im Zentrum von Florenz eröffnen seither täglich neue, winzige Geschäfte, vor denen Kleidchen und Tücher flattern und deren Regale dicht bepackt sind mit Modekram aller Art – alles unglaublich preiswert und mit dem Schildchen „Made in Italy" versehen, leider jedoch äußerst niedriger Qualität.

Bild: Historische Trachten beim Calcio in Costume

Facetten einer vielgesichtigen Stadt – Wissenswertes über die Medici, die Chinesen oder den Calcio in Costume

Die Verarbeitung muss schnell gehen und billig sein, beinahe täglich liest man in der Presse daher auch Artikel über Ausbeutung und Kinderarbeit.

FLORENTINER MODE

Den meisten Besuchern fällt auf den ersten Blick auf, dass sich die Florentinerinnen und Florentiner durch eine ganz besondere Eleganz in ihrer Kleidung auszeichnen. Kein Wunder: Florenz war bereits in der Renaissance für seine Web- und Lederwaren bekannt. Die Stoffe waren exklusiv, die Schuhe und Taschen elegant und von feinster Verarbeitung. Von diesem Ruf profitierten auch die weltbekannten Modeschöpfer der jüngeren Zeit, darunter Emilio Pucci, Guccio Gucci, Salvatore Ferragamo oder Emilio Coveri.

1951 fand in Florenz die erste italienische Modenschau statt. Organisiert hatte sie für einen kleinen Kreis der Conte Gian Battista Giorgini, einer der eifrigsten Förderer des „Made in Italy". Das Ereignis erregte international Aufsehen und führte zu den alljährlich stattfindenden Modeschauen im Palazzo Pitti. Von da aus trat die italienische Mode ihren Siegeszug um die Welt an. Nicht zuletzt Organisationsprobleme in Florenz führten dazu, dass sich das Zentrum der italienischen Damenmode inzwischen nach Mailand verlagert hat. In Florenz wird aber immer noch unter dem Namen „Pitti Uomo" *(www.pittimmagine.com)* im Frühling und Herbst mit großem Erfolg die italienische Männermode vorgestellt (inzwischen in der Fortezza da Basso).

MEDICI

Selten hat eine Familie über einen so langen Zeitraum die Geschichte einer Stadt geprägt. Der Urahn, Giovanni di Bicci, war Bankier in Rom. 1397 verlegte er den Hauptsitz in die aufstrebende Stadt am Arno. Sein Sohn Cosimo (1389–1464), genannt *Il Vecchio* (der Ältere), war kunstsinnig und ehrgeizig. Viele bedeutende Bauten wurden unter seiner Herrschaft errichtet. Dessen Sohn Piero (1416–69), „der Gichtige", führte das Mäzenatentum fort. Auf Piero folgte dessen Sohn Lorenzo (1449–92), der nach seinem Lebensstil den Beinamen *Il Magnifico* erhielt. In den 23 Jahren seiner Regierungszeit gelang es ihm, Florenz die gesamte nördliche Toskana einzuverleiben. Als er nur 42-jährig starb, war Florenz geistiger und kultureller Mittelpunkt Europas. Doch unter seinem Nachfolger Piero II. (1472–1503) verblassten Macht und Ansehen der Familie. Glanz bekam der Name erst wieder durch Cosimo I. (1519–74). Sein Sohn Francesco I. (1541–87) und dessen Bruder Ferdinando I. (1549–1609) taten sich noch einmal als Mäzene und Bauherren hervor.

KURSE FÜR JEDES INTERESSE

Ob Sprache, Malerei, Keramik oder Kochen: Das Kursangebot in Florenz ist äußerst vielfältig. *Florenceart* **(137 D4)** ***(🕮 E6)*** *(Via del Campuccio 23r | www.florenceart.net)* bietet kurze Dekorations- und Trompe-l'œil-Kurse an, und in der *Florence Academy of Art* **(138 B3)** ***(🕮 H5)*** *(Via delle Casine 21r | www.florenceacademyofart.com)* ist die Auswahl an Kunstkursen groß. Mario Pachioli **(134 A4)** ***(🕮 G2)*** *(Viale Milton 49 | www.mariopachioli.it)* lehrt Malen, Zeichnen und Bildhauerei. Verschiedene Grafiktechniken lernt man bestens bei *Il Bisonte* **(138 B4)** ***(🕮 G6)*** *(Via San Niccolò 24r | www.ilbisonte.it)*. In der berühmten Schule *Palazzo Spinelli* **(137 E3)** ***(🕮 E6)*** *(Istituto per l'Arte e il Restauro | Via Maggio 13 | www.spinelli.it)* können Sie Sommerkurse belegen und das Restaurierungshandwerk für verschiedene Materialien erlernen. *Le Arti Orafe* **(137 D3)** ***(🕮 E6)*** *(Via dei Serragli 104–124 | www.artiorafe.it)* gilt als beste Goldschmiedeschule weit und breit. Wer sich für Mode begeistert, kann einen Sommerkurs an der renommierten Schule *Polimoda* **(136 B2)** ***(🕮 C5)*** *(Via Pisana 77 | www.polimoda.com)* belegen. Bei *Cordon Bleu* **(138 B2)** ***(🕮 G5)*** *(Via di Mezzo 55r | www.cordonbleu-it.com)* werden Sie in die Kochkünste eingeweiht. Und wenn Sie Ihr Italienisch aufpolieren wollen, finden Sie im *Centro Koinè (www.koinecenter.com)*, im *Istituto Il David (www.davidschool.com)* oder bei *Lorenzo de' Medici (www.ldminstitute.com)* gute Sprachkurse im Angebot.

Schon dem Arkadenhof ihres Palazzos sieht man an, dass die Medici Kunstliebhaber waren

MISERICORDIA (BARMHERZIGKEIT)

1244 wurde die Fratellanza della Misericordia ins Leben gerufen. Die Mitglieder der Bruderschaft haben sich seit Beginn um den Transport der Kranken und Toten sowie um die Kranken- und Armenpflege gekümmert. Noch bis Ende des 20. Jhs. trugen die *fratelli* mittelalterliche schwarze Kutten, wenn sie in die Krankenwagen sprangen, die auch heute noch Tag und Nacht vor dem Sitz der Bruderschaft am Domplatz warten. Um die Anonymität des Trägers zu wahren, wurden früher zudem verhüllende Kapuzen über den Kopf gezogen, denn sämtliche Brüder verrichteten ihren barmherzigen Dienst unentgeltlich. Nicht mehr anonym, aber immer noch ohne Entlohnung praktizieren heute zahlreiche bekannte Ärzte der Stadt in der Ambulanz der Misericordia direkt am Domplatz *(Vicolo degli Adimari 1)*. Ein wahrer Segen nicht nur für die Armen der Stadt, sondern auch für Studenten und Ausländer!

RENAISSANCE

Florenz ist die „Hauptstadt der Renaissance". Die berühmtesten Künstler jener Epoche wurden in der Stadt selbst oder in der nahen Umgebung geboren und schufen auch hier ihre bekanntesten Werke. Zwei Künstler jener Zeit fallen aus dem Rahmen: zum einen das Universalgenie Leonardo da Vinci (1452–1519), der zugleich Maler, Zeichner, Naturforscher und Architekt war. Da er im nahe gelegenen Vinci geboren ist, sind sowohl im dortigen Museum als auch in den Uffizien seine Werke zu sehen. Michelangelo (1475–1564), das andere Genie, war nicht nur Maler, Architekt und Dichter, sondern vor allem auch einer der bedeutendsten Bildhauer der Renaissance. Seine Davidskulptur ist eines der meistfotografierten Motive der Stadt.

Von besonderer Bedeutung für Florenz waren aber auch Leon Battista Alberti (1404–72), Architekt und Schriftsteller, dem die Stadt die herrliche Fassade der Kirche Santa Maria Novella verdankt, dann Sandro Botticelli (1445–1510), dessen Malereien heute einen der Hauptanziehungspunkte der Uffizien bilden, Filippo Brunelleschi (1377–1446), der Erbauer der Domkuppel, weiter der berühmte Bildhauer der Florentiner Frührenaissance, Donatello (ca. 1386–1466), dessen Werke in den Kirchen Santa Croce und San Lorenzo, im Bargello und im Dommuseum zu sehen sind. Es folgen der Schöpfer der vergoldeten Paradiestür am Baptisterium, Lorenzo Ghiberti (1378–1455), sowie Masaccio (1401–28), der Begründer der italienischen Renaissancemalerei, der die Cappella Brancacci in der Kirche Santa Maria del Carmine mit wunderbaren Fresken ausmalte. Und schließlich noch Giorgio Vasari (1511–74), ebenfalls Maler, Schriftsteller und Baumeister u. a. der Uffizien.

ZEITGENÖSSISCHE KUNST

Die Kunst in Florenz beschränkte sich lange Zeit auf die Hinterlassenschaften von Gotik und Renaissance. Aber langsam beginnt glücklicherweise auch hier die Moderne Einzug zu halten. Henry Moore gelang es 1972 als Erstem, mit einer geradezu umwerfenden Ausstellung am Forte di Belvedere die Florentiner auf moderne Kunst aufmerksam zu machen – und sie sogar zu begeistern. Er schenkte der Stadt eine Skulptur, die nach langen Diskussionen ihren endgültigen Platz vor der Pazzikapelle in Santa Croce fand. Inzwischen wurden viele Skulpturen, u. a. von Giò Pomodoro, Michelangelo Pistoletto, Fernando Botero, Jean-Michel Folon, Mario Ceroli und Romano Costi, auf öffentlichen Plätzen in Florenz aufgestellt.

Absolutes Highlight war 2014 die Eröffnung des *Museo Novecento* (s. S. 46), das Museum des 20. Jhs., im Herzen der Stadt. Seitdem ist die *Galleria d'Arte Mo-*

SPORTBEGEISTERUNG

Nahezu alle Florentiner sind *tifosi*, Fans der Fußballmannschaft *A. C. F. Fiorentina (it.violachannel.tvt)*. Heimspiele finden jeden zweiten Sonntag statt *(*Info bei *www.fiorentina.it)*. Tickets erhalten Sie direkt am *Stadio Comunale Artemio Franchi* **(135 E4)** *(*🕮 ***K3)*** *(Viale Manfredo Fanti 4 | Tel. 05 55 03 26 28)* oder im Zentrum nahe der Piazza della Repubblica beim *Chiosco degli Sportivi (Via Anselmi | Tel. 0 55 29 23 63)*. Wichtig: Aus Sicherheitsgründen gibt es Tickets nur gegen Vorlage des Personalausweises!

Die Pferderennbahn *Ippodromo del Visarno* **(132 A4–5)** *(*🕮 ***B3)*** *(www.visarno.it)* liegt im Florentiner Stadtpark, dem *Parco delle Cascine*. Im Internet finden Sie alle wichtigen Infos über aktuelle Events – dort können Sie sich auch für die Galopprennen einschreiben.

Rund 30 km nördlich von Florenz, im Herzen des *Mugello*, liegt die gleichnamige Motorrennbahn. Hier wird alljährlich das Motorradrennen *Gran Premio d'Italia* gefahren und ebenso das Autorennen *Formula 3000 (Tel. 05 58 49 91 11 | www.mugellocircuit.it)*. Tickets erhalten Sie im Voraus bei *www.ticketone.it*.

derna (s. S. 58) im Palazzo Pitti, die vor allem toskanische Malerei aus dem 19. und 20. Jh. ausstellt, nicht mehr das einzige große Museum moderner Kunst der Stadt.

Als erster Schritt in die Moderne zeigte sich die Aufstellung der Werke des Bildhauers und Grafikers Marino Marini 1988 in der romanischen Kirche San Pancrazio. Mehrere Initiativen mit kleinen Ausstellungen in verschiedenen Stadtvierteln machen auf sich aufmerksam, wie z. B. die Galerie *Tornabuoni Arte* (s. S. 76), wo man schon die Ausstellungsräume als ein Exempel moderner Museumsarchitektur ansehen könnte.

Im grandiosen Renaissancepalast *Palazzo Strozzi* (s. S. 36) ist das Kulturzentrum Centro di Cultura Contemporanea Strozzina *(www.strozzina.org)* zu finden, das sich durch sein engagiertes Programm mit Ausstellungen, Installationen, Filmen, Videos, Workshops und Performances einen Namen gemacht hat.

ZUKUNFTSWEISENDES FLORENZ

Frischen Wind brachte der jetzige Ministerpräsident Italiens, Matteo Renzi, in die Stadt, als er 2009–14 als Florentiner Bürgermeister „seine" Stadt mit mehreren Initiativen lebenswerter machte – für Bürger und Besucher. Die gesamte Innenstadt wurde Fußgängerzone, die erste Linie der Straßenbahn *tramvia* wurde eingeweiht und führt nun zum Vorort Scandicci, die zweite Linie zum Universitätsviertel Novoli und zum Flughafen ist im Bau, eine dritte Linie von der Stazione Santa Maria Novella zum Krankenhauskomplex in Careggi in Planung.

Auch auf dem Bausektor öffnet man sich der Moderne: Auf dem Gelände des alten Güterbahnhofs ist die von Paolo Desideri entworfene neue *Opera di Firenze* (s. S. 87) entstanden, und schon vom Flugzeug aus erkennt man den monumentalen Gerichtshof und die Gebäude des neuen Universitätsviertels in Novoli.

Wie vergoldete, dreidimensionale Gemälde: Baptisteriums-Reliefs von Lorenzo Ghiberti

SEHENSWERTES

WOHIN ZUERST?
Ponte Vecchio (130 B–C5) *(F5)*: Stellen Sie sich auf die berühmte Arnobrücke und verschaffen Sie sich einen Überblick: Etwas stadtauswärts liegen der mächtige Palazzo Pitti und die Via Maggio mit ihren Antiquitätengeschäften. Auf der anderen Flussseite sehen Sie die Uffizien. Dahinter folgen die Piazza della Signoria mit dem Palazzo Vecchio, dem Wahrzeichen der Stadt, und etwas weiter nordöstlich die Piazza della Repubblica und der Domplatz. Elektrobus C3 und D, Parkmöglichkeit Stazione Santa Maria Novella.

Man muss Florenz zu Fuß genießen – kein Problem, denn fast alle Sehenswürdigkeiten liegen innerhalb der Quadratmeile des Zentrums! Und die fast überall sichtbare Domkuppel macht es beinahe unmöglich, dass man sich verirrt.

Die Museumslandschaft von Florenz ist unendlich vielfältig: Außer den weltberühmten Uffizien und dem Palazzo Pitti mit ihren großen Gemäldesammlungen sind das Museo Nazionale del Bargello und die Galleria dell'Accademia mit bedeutenden Skulpturen sowie eine Vielzahl über die Stadt verstreute wissenschaftliche und andere Museen sehenswert.

Einen Überblick über die staatlichen Museen und deren Programm bekommen Sie bei *www.polomuseale.firenze.it*, wäh-

Bild: Galleria degli Uffizi

Kunst, wohin man blickt – weltbekannte Museen, prächtige Kirchen und prunkvolle Paläste warten auf Ihren Besuch

rend *www.museicivicifiorentini.comune.fi.it* über die städtischen Museen informiert. Um lange Warteschlangen zu umgehen, sollten Sie Florenz am besten im Winter besuchen oder die Eintrittskarten für alle staatlichen Museen schon vorab online reservieren *(mind. fünf Tage vorher (!) unter www.firenzemusei.it oder Tel. 0 55 29 48 83 | Reservierungsgebühr: ca. 4–5 Euro, bei Sonderausstellungen 3 Euro zusätzlich).*

Interaktive Touchscreens mit hilfreichen und immer aktualisierten und geokodierten Infos findet man in allen Infopoints (s. S. 118) sowie im Palazzo Pitti, in den Uffizien und am Hauptbahnhof Santa Maria Novella.

Die Kirchen sind im Allgemeinen 8–12.30 und 15 bzw. 16–18 Uhr geöffnet. Beachten Sie, dass in der Regel der Einlass in Kirchen, Museen und Parks 30–60 Minuten vor Schließung aufgehoben wird. Und INSIDER TIPP sammeln Sie Kleingeld: Die Sprechsäulen und die Apparate zum Einschalten der Scheinwerfer in Kapellen werden damit gefüttert!

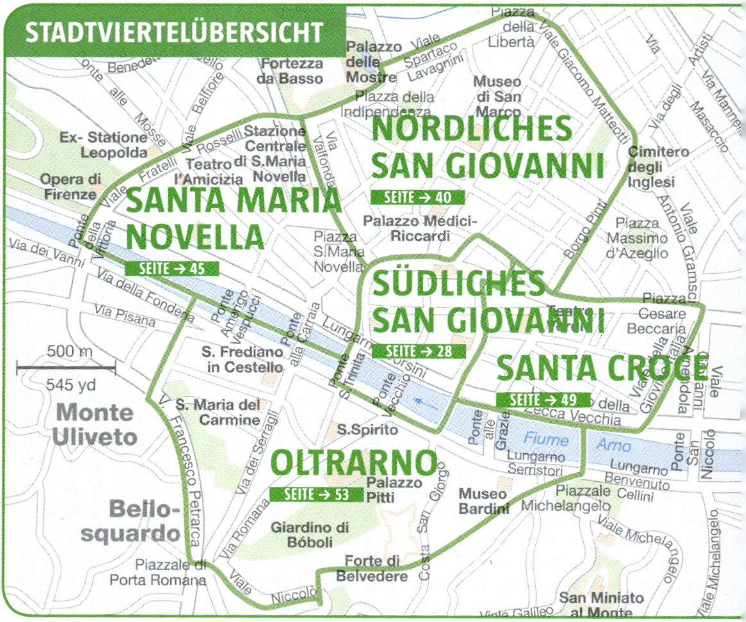

Die Karte zeigt die Einteilung der interessantesten Stadtviertel. Bei jedem Viertel finden Sie eine Detailkarte, in der alle beschriebenen Sehenswürdigkeiten mit einer Nummer verzeichnet sind

SÜDLICHES SAN GIOVANNI

Das Gebiet zwischen Dom und Palazzo Vecchio, dem Regierungspalast, ist das Zentrum der Stadt. Wo früher Römer durch den Cardo Maximus marschierten, schieben sich auf der heutigen Via dei Calzaiuoli die Touristen.

Seit jeher verbindet die Straße mit ihren vielen Mode- und Schuhgeschäften, Eisdielen und den unvermeidlichen Pizzaläden das geistliche mit dem weltlichen Zentrum. Hier tickt das Herz von Florenz, und jeder, auch der eiligste Tourist, kommt dort entlang.

1 BATTISTERO DI SAN GIOVANNI

(130 C3) (*F4*)

Die achteckige, mit weiß-grünem Marmor verkleidete Taufkirche besitzt gleich drei berühmte Bronzeportale. Am bedeutendsten ist die zum Dom gerichtete *Paradiestür*. 26 Jahre (1426–52) war man in der Werkstatt von Lorenzo Ghiberti mit der Fertigung des Portals beschäftigt. Auf zehn Bronzefeldern sind Szenen aus dem Alten Testament dargestellt. Der Glatzkopf in der rechten Leiste des linken Türflügels ist ein Selbstporträt Ghibertis. Einige der Reliefplatten wurden 1966 von der Flut des Arno weggespült und durch

Kopien ersetzt; die Tür erstrahlt jetzt im Glanz ihrer neuen Vergoldung. Die restaurierten Originalplatten befinden sich im Dommuseum. Ebenfalls von Lorenzo Ghiberti stammt das *Nordportal* mit seinen 28 Feldern. Das älteste ist das *Südportal*, an dem Andrea Pisano 1330–36 die geistlichen und die weltlichen Tugenden darstellte. Das Innere beeindruckt vor allem durch das INSIDER TIPP byzantinische Kuppelmosaik und den schönen Mosaikfußboden aus dem 12. Jh. *Mo–Sa 11.15–18.30, So und 1. Sa im Monat 8.30–13.30 Uhr | Sammelticket (mit Dom, Krypta, Kuppel, Campanile und Museum) Eintritt 10 Euro | Piazza di San Giovanni | www.ilgrandemuseodelduomo.it*

2 CASA DI DANTE (131 D4) (*F5*)

Benannt ist dieses mittelalterliche Haus nach Dante Alighieri, der hier vermutlich geboren ist. In den Sälen der drei Stockwerke werden verschiedene Ausgaben seiner „Divina Commedia" sowie Dokumente über sein politisches und literarisches Leben und sein Exil in Ravenna gezeigt. *Okt.–März Di–So 10–17, April–Sept. tgl. 10–18 Uhr | Eintritt 4 Euro | Via Santa Margherita 1 | www.museocasadidante.it*

3 CORRIDOIO VASARIANO (130 B–C 5–6) (*F5–6*)

Giorgio Vasari wurde 1565 von Großherzog Cosimo I. beauftragt, einen Gang zu errichten, der den Palazzo Vecchio mit der damaligen Residenz der toskanischen Großherzöge, dem Palazzo Pitti, verbinden sollte, damit die Mitglieder seiner Familie ungestört, schnell und sicher den Arno überqueren konnten. Fast 1 km lang führt der Vasarianische Korridor durch den Ostflügel der Uffizien über den Ponte Vecchio zum Palazzo Pitti. In ihm hängen fast 1000 Gemälde, darunter zahlreiche Künstlerselbstbildnisse. *Nur mit langfristiger Voranmeldung | Piazzale degli Uffizi 6 | Tel. 05 52 38 86 21 | www.uffizi.firenze.it*

MARCO POLO HIGHLIGHTS

★ **Duomo & Campanile**
Großartig ist der Reichtum im Inneren des Doms, einmalig der Blick von Kuppel oder Glockenturm → S. 30

★ **Galleria degli Uffizi**
Über 39 Säle verteilt sich die weltberühmte Gemäldesammlung → S. 32

★ **Palazzo Vecchio**
Eindrucksvolle Räume aus der Blütezeit der Stadt → S. 37

★ **Ponte Vecchio**
Am schönsten ist die berühmte Brücke bei abendlicher Illumination → S. 39

★ **Galleria dell'Accademia**
Michelangelos David und eine grandiose Sammlung spätgotischer Malerei → S. 41

★ **San Lorenzo**
Ihre Grabkapellen ließen sich die Medici von berühmten Künstlern gestalten → S. 44

★ **Museo Nazionale del Bargello**
Skulpturenmuseum in einem früheren Gefängnis → S. 51

★ **Santa Croce**
Das Pantheon von Florenz → S. 52

★ **Giardino di Boboli**
Eine grüne Oase hinter dem Palazzo Pitti → S. 54

★ **San Miniato al Monte**
Ein Heiliger über der Stadt → S. 60

4 DUOMO DI SANTA MARIA DEL FIORE & CAMPANILE ★ ●

(130–131 C–D3) (*F–G4*)

Der *Dom* bestimmt weithin die Silhouette der Stadt. Sein Bau war gewissermaßen ein später Triumph, denn Pisa, Lucca, Pistoia, Prato und Siena hatten alle schon ihre prunkvollen Kathedralen, als sich die Stadtregierung 1296 endlich zum Bau einer neuen Kathedrale für Florenz durchrang und Arnolfo di Cambio mit ihrer Errichtung beauftragte. 1368 war der mächtige Bau vollendet – allerdings fehlte noch die ● *Domkuppel*; sie wurde erst 1420–34 von Filippo Brunelleschi aufgesetzt. Der vorgesehene Kuppeldurchmesser von über 45 m warf bisher nie da gewesene Konstruktionsprobleme auf. Brunelleschis Konzept beruhte im Wesentlichen darauf, dass einander zugeneigte Körper sich gegenseitig stützen, und so baute er einen geschlossenen Kuppelring auf den anderen.

Wenn Sie sich zutrauen (Achtung: Einbahnstraße – umkehren nicht möglich!), die 463 Stufen bis zur Laterne durch das Kirchenschiff und die Doppelwand der Kuppel hochzusteigen, nehmen Sie denselben Weg, den einst die Bauarbeiter zurücklegten. Hier bieten sich interessante Einblicke in das INSIDER TIPP „Innenleben" der Kuppel – und am Ende ein toller Blick über die Stadt!

Der Dom von Florenz ist die viertgrößte Kirche der Christenheit. Seine Grundfläche beträgt 8300 m², seine Länge 160 m. Viele namhafte Florentiner Künstler haben zu seiner Ausschmückung beigetragen. Das große Reiterbild (das zweite auf der linken Seite) stellt den Söldnerführer John Hawkwood dar, der für Florenz einst eine Schlacht gewann; 1436 von Paolo Uccello gemalt, diente es als Vorbild für alle späteren Reiterstandbilder. Das Reiterbild des Niccolò da Tolentino daneben stammt von Andrea del Castagno (1456). Sehr schön sind die bunten Rundfenster an der Basis der Kuppel, die einige der berühmtesten Künstler des 14. Jhs. entworfen haben, und die grandiosen Fres-

Weit überragen die Domkuppel und Giottos Campanile die Dächer von Florenz

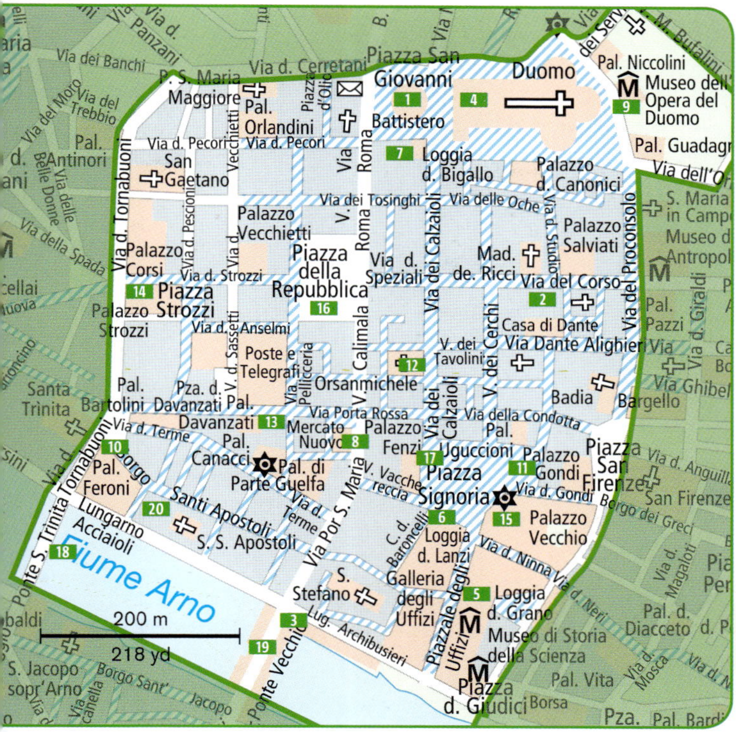

SEHENSWERTES IM SÜDLICHEN SAN GIOVANNI

- 1 Battistero di San Giovanni
- 2 Casa di Dante
- 3 Corridoio Vasariano
- 4 Duomo di Santa Maria del Fiore & Campanile
- 5 Galleria degli Uffizi
- 6 Loggia dei Lanzi
- 7 Loggia del Bigallo
- 8 Loggia del Mercato Nuovo
- 9 Museo dell'Opera di Santa Maria del Fiore
- 10 Museo Salavatore Ferragamo
- 11 Museo Gucci
- 12 Orsanmichele
- 13 Palazzo Davanzati
- 14 Palazzo Strozzi

Fußgängerzone

- 15 Palazzo Vecchio
- 16 Piazza della Repubblica
- 17 Piazza della Signoria
- 18 Ponte Santa Trìnita
- 19 Ponte Vecchio
- 20 Santissimi Apostoli

ken des *Weltgerichts*, mit denen Giorgio Vasari und Federico Zuccari die Kuppel 1572–79 ausmalten. Die bunt glasierten *Terrakottareliefs* über den Eingängen der beiden Sakristeien stammen, wie auch die *Bronzetür* zur Neuen Sakristei links des Hauptaltars, von Luca della Robbia (1444–69). Die berühmten Sängerkanzeln von Donatello und Luca della Robbia sowie die *Pietà* von Michelangelo stehen heute im *Museo dell'Opera di Santa Maria del Fiore* (s. S. 34).

Eine Treppe rechts vom Haupteingang führt hinab in die 1966 freigelegten

Reste der frühchristlichen Vorgängerkirche *Santa Reparata*, in der sich u. a. das Grab Brunelleschis befindet. 2000 wurde ein dort aufgefundenes Skelett eindeutig als das von Giotto (1267–1337) identifiziert, den man daraufhin neben Brunelleschi beisetzte. Von außen ist der Dom mit weißem Carrara-Marmor und grünem Marmor aus Prato verkleidet. Die bis dahin unverkleidete Vorderfront erhielt erst 1887 ihre neugotische Fassade. Direkt neben dem Dom steht der *Campanile* (Glockenturm), den Giotto entwarf, und der 1334–59 errichtet wurde. Er gilt aufgrund seiner harmonischen Proportionen und Farbigkeit als einer der schönsten Italiens. Auch er ist im Inkrustationsstil mit weißem, rotem und grünem Marmor verkleidet. Den unteren Teil schmücken 54 Flachreliefs aus der Schule Andrea Pisanos, in den Nischen darüber stehen Heiligen-, Propheten- und Sibyllenstatuen u. a. von Donatello (Originale ebenfalls im Dommuseum). 414 bequeme Stufen geht es den Campanile hinauf zur Balustrade des Flachdachs und zu einem faszinierenden Ausblick. *Dom und Krypta Santa Reparata Mo–Mi,Fr 10–17, Do Mai/Okt. 10–16, Juli–Sept. 10–17, Jan.–April 10–16.30, Sa 10–16.45, So 13.30–16.45 Uhr; Kuppel Mo–Fr 8.30–18.20, Sa 8.30–17 Uhr; Campanile tgl. 8.30–18.50 Uhr | Sammelticket 10 Euro | www.operaduomo.firenze.it*

5 GALLERIA DEGLI UFFIZI ★ ●

(130 C5) (F5)

Das Gebäude wurde im Auftrag Cosimo I. de'Medici 1559–81 nach Plänen Giorgio Vasaris erbaut, um die Ämter des Staats aufzunehmen. Inzwischen beherbergt es eine der reichhaltigsten und berühmtesten Gemäldesammlungen der Welt sowie im ersten Stock das *Gabinetto dei Disegni e delle Stampe*, eine Sammlung von 150 000 Zeichnungen und Drucken. Noch immer dauern die Aus- und Umbauarbeiten der *Nuovi Uffizi*, der „Neu-

Neugestaltung der Uffizien: antike Skulptur, kombiniert mit Highlights der Renaissance

en Uffizien", an (mitzuverfolgen unter *www.nuoviuffizi.it*). Doch man kann schon über 330 Meisterwerke, die seit Jahrzehnten in den Depots lagerten, auf über 3000 m² zusätzlicher Ausstellungsfläche in vielen neuen Sälen bewundern. Das neue Ausstellungskonzept, die moderne Beleuchtung sowie die Restaurierung der Marmorböden und der Deckengestaltungen heben sich nun sehr von den bisherigen Räumen ab. Die Besichtigung beginnt in der zweiten Etage, die Werke sind in chronologischer Reihenfolge vom 13. bis zum 15. Jh. und nach Schulen geordnet ausgestellt.

Schwerpunkt bildet die italienische Renaissance. Auf den breiten Korridoren sind griechische und römische Statuen sowie flämische Gobelins zu sehen. Die kostbarsten Statuen stehen auf eigens für sie angefertigten Sockeln in der *Tribuna del Buontalenti*, dem prachtvollen achteckigen Raum, der als einer der ersten für Kunstwerke konzipiert wurde und den Sie nach langer Restaurierung endlich wieder bewundern können.

Dem vorgegebenen Wegweiser folgend, kommt man zuerst zu den großen gotischen Altartafeln von Cimabue und Giotto, gefolgt von Werken der Sieneser Schule des 14. Jhs. und den großen Malern der Frührenaissance: Masaccio, Piero della Francesca und auch Sandro Botticelli, dessen Gemälden, darunter der *Geburt der Venus*, ein eigener Saal gewidmet ist. Von Leonardo da Vinci stammt die große *Anbetung der Könige*.

Auf der Westseite des Gebäudes befinden sich die Werke von Tizian *(Venus von Urbino)*, von den aus Venedig stammenden Künstlern Veronese, Tintoretto und Caravaggio, sowie der neu konzipierte Saal 35, die *Sala Rossa,* in der Sie u. a. das *Tondo Doni,* eines der bekanntesten Gemälde Michelangelos, bewundern können. Das erste Stockwerk gehört zum neuen Teil der Uffizien. Die *Sale Blu,* die blauen Säle, sind spanischen, französischen, flämischen und niederländischen Künstlern aus dem 16. und 17. Jh. gewidmet (Rubens, Rembrandt und van Dyck). Die anschließenden *Sale Rosse* beherbergen größtenteils Werke des Florentiner Manierismus, in denen besonders Schöpfungen von Andrea del Sarto und Raphael herausragen. Besonders hervorzuheben sind weiterhin Werke von Rosso Fiorentino und Pontormo sowie die famosen Medici-Porträts von Bronzino. Der Rundgang führt weiter vorbei an Gemälden von Correggio und Parmigianino bis zur venezianischen Malerei und endet in den *Sale Gialle,* den gelben Sälen, die Werke aus dem 17. Jh. präsentieren.

LOW BUDG€T

Die Museumseintrittspreise sind hoch, doch EU-Besucher unter 25 Jahren zahlen in den staatlichen Museen von Florenz einen ermäßigten Preis, unter 18 Jahren ist der Eintritt frei (Ausweis nicht vergessen!).

Seit 2014 öffnen alle staatlichen Museen Italiens am ersten Sonntag des Monats zum ● *DomenicalMuseo (www.museifirenze.it)* kostenlos ihre Türen, im Frühling sind diese sogar eine Woche lang gratis. Den exakten Termin erfahren Sie in den Infobüros.

Während des internationalen Festivals *Maggio Musicale Fiorentino* im Mai und Juni kann man meist sonntagvormittags den grandiosen Generalproben in verschiedenen Spielhäusern kostenlos zusehen. Infos unter *www.maggiofiorentino.com*.

Es werden auch Führungen durch die Uffizien angeboten. Im zweiten Stockwerk sollten Sie auf der Dachterrasse eine Kaffeepause einlegen, um sich das Panorama nicht entgehen zu lassen! *Di–So 8.15–18.50 Uhr | Eintritt 8 Euro, bei Sonderausstellungen 12,50 Euro | Piazzale degli Uffizi 6 | www.uffizi.firenze.it*

6 LOGGIA DEI LANZI ●

(130 C5) (*F5*)

Mit ihren drei herrlichen Rundbögen ist sie ein herausragendes Beispiel der Florentiner Gotik. Zwei Skulpturengruppen ließ Cosimo I. in der Loggia aufstellen: zum einen das bronzene Meisterwerk des *Perseus* (1545–54) von Benvenuto Cellini, das in neuem Glanz am alten Platz steht. Der Marmorsockel ist eine Kopie, das Original befindet sich im *Museo Nazionale del Bargello* (s. S. 51). Zum anderen die manieristisch gedrehten Figuren des *Raub der Sabinerinnen* rechts davon, die von Giambologna (1583) stammen. Weitere Skulpturen, darunter sechs römische Frauenstatuen an der Rückwand, vervollständigen die Freiluftgalerie. Errichtet wurde die Loggia schon 1376–82 für zeremonielle Anlässe der Stadtverwaltung, vermutlich von Orcagna. Der Name *Loggia dei Lanzi* bürgerte sich ein, als Cosimo I. hier seine Söldnertruppe, die *lanzichenecchi* (Landsknechte), unterbrachte. Auf ihrem Dach wurde 1583 ein damals berühmter hängender Garten angelegt; heute befindet sich dort ein von den Uffizien zugängliches Café mit bester Aussicht über den Platz. *Piazza della Signoria*

7 LOGGIA DEL BIGALLO

(130 C3) (*F5*)

An der Ecke der Piazza S. Giovanni beim Dom ließen Laienbrüder ausgesetzte Kinder in ihrer Loggia spielen, um Pflegeeltern für sie zu finden. Die Bruderschaft der *Misericordia* hatte den spätgotischen Bau 1352 in Auftrag gegeben; 1425 vereinigte sie sich mit der Bruderschaft Santa Maria del Bigallo, deren Namen die Loggia trägt. Während unten in der Unfallstation der *Misericordia* Ärzte unentgeltlich praktizieren, befindet sich im oberen Stock eine kleine, für die Tätigkeit des Ordens aufschlussreiche Kunstsammlung. *Mo–Sa 10.30–16.30, So 9.30–12.30 Uhr | Besichtigung nur mit Reservierung: Tel. 0 55 28 84 96 | Piazza San Giovanni 1*

8 LOGGIA DEL MERCATO NUOVO

(130 C4) (*F5*)

Die offenen, gewölbten Säulenhallen waren im Florenz des 14.–16. Jhs. beliebt als privater Empfangsraum und öffentliche Markthallen. Früher wurden hier Gold und Silber verkauft, heute sind es Strohwaren, Tischdecken und Souvenirs. Am besten ist die Architektur der 1547 erbauten Loggia im Winter sonntags und montagvormittags sichtbar, wenn die Stände abgebaut sind. Anziehungspunkt für alle Touristen ist der Bronze-Eber auf der Südseite der Loggia, das *porcellino* (Original im Museo Bardini, Vorbild aus Marmor in den Uffizien). Eine in den Brunnen geworfene Münze und das Streicheln seiner Schnauze versprechen die sichere Rückkehr nach Florenz. *Via Porta Rossa/Via Por Santa Maria*

9 INSIDER TIPP MUSEO DELL'OPERA DI SANTA MARIA DEL FIORE

(131 D3) (*G4–5*)

Nach einer kompletten Umgestaltung kann man hier seit Ende 2015 die Originalskulpturen, die an Dom, Baptisterium und Campanile durch Kopien ersetzt wurden, sowie alle mit dem Bau dieser Gebäude verbundenen Werkzeuge, Pläne und Projekte bewundern. Auch Michelangelos berühmte Pietà ist hier zu finden. *Mo–Sa 9–18.50, So 9–13 Uhr | Sammel-*

Die schönste Outdoor-Galerie der Stadt: die Loggia dei Lanzi an der Piazza della Signoria

ticket (Dom, Krypta, Kuppel, Campanile und Museum) 10 Euro | Piazza del Duomo 9 | www.ilgrandemuseodelduomo.it

10 MUSEO SALVATORE FERRAGAMO (130 B4) (*F5*)

In den unteren Räumen des Palazzo Spini Feroni erzählen unzählige Schuhpaare die Geschichte des Schuhkönigs Salvatore Ferragamo (1927–60) und seiner Marke. Ausgestellt sind u. a. die Modelle von Marilyn Monroe, Greta Garbo, Audrey Hepburn oder Judy Garland. *Tgl. 10–19.30 Uhr | Eintritt 6 Euro | Piazza Santa Trinita 5r | www.museoferragamo.it*

11 MUSEO GUCCI (131 D4) (*F5*)

Gucci steht für Florentiner Mode, Stil und Qualität. Seit 2012 können Sie hier auf drei Stockwerken die Geschichte der 1921 in Florenz gegründeten und heute weltweit bekannten Marke verfolgen und auch Souvenirs erwerben. *Fr–Mi 10–20, Do bis 23 Uhr | Eintritt 7 Euro, Do ab 20 Uhr 4 Euro | Piazza della Signoria 9–10 | www.guccimuseo.com*

12 ORSANMICHELE (130 C4) (*F5*)

Ein Stopp in der Kirche Orsanmichele ist ein Muss für Florenzbesucher. Die Geschichte des Gotteshauses, das eher einem mittelalterlichen Palast als einer Kirche gleicht, ist typisch für den praktisch orientierten Sinn der Florentiner.

Die ursprünglich offene, 1336 durch die Zünfte errichtete Pfeilerhalle diente – neben ihrer Funktion als Andachtsraum – als Markthalle, die darüber liegenden Stockwerke waren Getreidespeicher. Um die Mitte des 14. Jhs. schloss man die Arkaden im Erdgeschoss mit Drillingsfenstern, und um das 1347 von Bernardo Daddi gemalte *Bildnis der Gnadenmadonna* errichtete Andrea Orcagna ein monumentales gotisches Tabernakel.

Der Markt wurde 1361 aus dem Erdgeschoss ausgelagert, die beiden oberen Stockwerke bis weit ins 16. Jh. als Getreidelager genutzt. Scharten in den Nordpfeilern lassen noch erkennen, wo in Notzeiten das Getreide herabgelassen wurde – man verteilte es kostenlos an Bedürftige, um die Stadt vor Aufständen zu bewahren. Heute werden in den oberen Stockwerken Ausstellungen veranstaltet – eine gute Gelegenheit, auch die schönen gotischen Räume zu betrachten. In 14 Außennischen der Kirche stehen Statuen der Schutzheiligen der Zünfte von bedeutenden Renaissancekünstlern. Die meisten, so auch Donatellos berühmte *Marmorstatue des hl. Georg*, Patron der Waffenschmiede, wurden durch Bronzekopien ersetzt. Die Originale befinden sich im *Museo Nazionale del Bargello* (s. S. 51). *Tgl. 10–17 Uhr | Eintritt frei | Via del Proconsolo 4*

13 INSIDER TIPP PALAZZO DAVANZATI ● (130 B4) (*🕮 F5*)

Entdecken Sie einen der schönsten Paläste der Stadt: Komplett eingerichtet mit Möbeln, Gemälden und Gegenständen spiegelt er originalgetreu ein Florentiner Haus zwischen Mittelalter und Renaissance wider. Nach aufwendiger Restaurierung erstrahlen erneut die herrschaftlichen Wandmalereien im *Papageiensalon* sowie im Herren- und Damengemach. Der 2. und 3. Stock, wo Schlafgemächer und Küche zu finden sind, können nur mit Voranmeldung *(Tel. 05 52 38 86 10)* besichtigt werden. *Tgl. 8.15–13.50 Uhr, 2. und 4. So sowie 1., 3. und 5. Mo im Monat geschl. | Eintritt 2 Euro | Via Porta Rossa 13*

14 PALAZZO STROZZI ● (130 B4) (*🕮 F5*)

Der Florentiner Renaissancepalast schlechthin. Nicht weniger als fünfzehn Häuser mussten weichen, damit dieser Palast aus grob behauenen Steinen in seiner dominierenden Lage gebaut werden konnte. Baubeginn war 1489 unter Benedetto da Maiano, beendet wur-

ENTSPANNEN & GENIESSEN

Sie schnappen sich etwas zu lesen und entspannen in einer Bar. Auf diese Weise den Tag genießen können Sie u. a. im *Ibs* **(130 C3)** ***(🕮 F4)*** *(Mo–Do 9–20, Fr/Sa bis 24, So 10–20 Uhr | Via de' Cerretani 16r)* oder auch kombiniert mit einem Frühstück *(Brunch 12–17 Uhr)*, einem vegetarischen oder gar veganen Menü im *Bra* **(131 D5)** ***(🕮 G6)*** *(Mo–Sa 11–24, So 12–17 Uhr | Via dei Vagellai 18r | Tel. 05 50 94 48 77)*.
Im Bookshop *My Accademia* **(131 D1)** ***(🕮 G4)*** *(Di–So 8.15–19 Uhr | Via Ricasoli 105r)* finden Sie überwiegend Bücher zu den Themen Kunst, Architektur, Design, Mode, eine kleine Kinderabteilung und eine Cafeteria mit WLAN.
Auch gibt es nichts Erfrischenderes, als mit einem Cocktail in der *Bar Flò* **(138 B4)** ***(🕮 H7)*** *(19.30–1 Uhr | Piazzale Michelangelo 84)* zu sitzen und zu seinen Füßen die schönste Stadt der Welt liegen zu sehen. Und ein Wellness-Treatment im Spa des ● *Golden Tower Hotel* **(130 B4)** ***(🕮 F5)*** *(rechtzeitig reservieren! | Piazza Strozzi 11r | Tel. 0 55 28 78 60)* weckt die Lebensgeister. Edel ist das Ambiente im ● *SoulSpace (tgl. 10–20 Uhr | Via Sant'Egidio 12 | Tel. 05 52 00 17 94)* mit Pool, Hamam und tollen Anwendungen.

Den Innenhof des Palazzo Vecchio zieren zarte Renaissance-Grotesken und Stadtansichten

de er 1536 durch Simone del Pollaiuolo, genannt Cronaca. Er führte auch den weitläufigen, arkadengeschmückten Innenhof aus. Heute werden im Palazzo Strozzi hochkarätige Kunstausstellungen gezeigt. *Fr–Mi 10–20, Do bis 23 Uhr | Eintritt 10 Euro | Piazza Strozzi | www.palazzostrozzi.org*

15 PALAZZO VECCHIO ★

(131 D5) *(F5)*

Der grandiose, zinnenbewehrte Palast mit seinem 94 m hohen Turm, 1299–1314 von Arnolfo di Cambio errichtet, war zunächst Amtssitz und Wohnung der höchsten Beamten der Republik.

1540 machte Cosimo I. den mittelalterlichen Palast zur herzoglichen Residenz und verhalf ihm durch prunkvolle Um- und Ausbauten zu neuem Glanz; das mittelalterliche Äußere blieb weitgehend unangetastet. Verantwortlich für alle Baumaßnahmen in dieser Zeit war Giorgio Vasari, der im Eifer jedoch auch unwiederbringliche Kunstwerke wie Leonardo da Vincis *Schlacht von Anghiari* im Salone dei Cinquecento zum Ruhm der Medici übermalte. Seinen heutigen Namen, *Palazzo Vecchio* (Alter Palast), bekam der Bau, als der Hofstaat in den „neuen“, den Palazzo Pitti, zog.

Der schöne, durch Michelozzo 1470 umgestaltete *Innenhof* wurde 1565 anlässlich der Hochzeit Ferdinands I. mit Johanna von Österreich mit österreichischen Stadtansichten ausgemalt. Die *Quartieri Monumentali*, die Prunkräume, liegen im ersten Obergeschoss.

Im gewaltigen *Salone dei Cinquecento*, dem Saal der Fünfhundert, versammelte sich einst der städtische Rat, später ließ ihn Cosimo I. zur Audienzhalle umgestalten. Der 53,7 m lange, 22,4 m breite und 17,8 m hohe Saal ist der größte Raum der Stadt und wird – wie auch die *Sala dei Dugento* mit einer prachtvollen Holzdecke von Benedetto und Giuliano da Maiano – immer noch bei besonderen Festlichkeiten benutzt. Vor den monumentalen Schlachtenbildern von Vasari sind Marmorstatuen aufgestellt, unter ihnen der *Genius des Sieges* von Michelangelo und *Florenz besiegt Pisa* von Giambologna.

Im zweiten Geschoss liegen die *Quartieri degli Elementi* und die Räume der Eleonora di Toledo. Die anschließende *Cappella della Signoria* malte 1514 Ghirlandaio mit Fresken aus. Besonders prächtig sind die *Sala dell'Udienza* mit ihrer reich geschnitzten Decke und dem Marmorportal von Benedetto da Maiano sowie die *Sala dei Gigli*, der ganz mit der Wappenlilie Frankreichs ausgemalte Liliensaal. Hier steht Donatellos Bronzegruppe *Judith und Holofernes.* In der *Segreteria* arbeitete einst Machiavelli als Sekretär der Republik. Interessant sind auch in der *Guardaroba* Schränke, die mit 53 Landkarten aus den Jahren 1563–75 bemalt sind. Im ältesten Teil des Baus, in der füheren Waffenkammer *(Sala d'Arme)* finden heute Wechselausstellungen statt. Der Eingang hierzu liegt auf der linken Seite des Palasts.

An zwölf Multimediastationen erhält man Einblicke in Geschichte, Kunst und Architektur des Palazzo. Neu eingerichtet wurden im zweiten Innenhof, dem *Cortile della Dogana*, ein Bookshop und das Ticketoffice. Das *Museo Dei Ragazzi*, ein Ateliermuseum für Eltern und Kinder, betritt man ebenfalls von hier. Außerdem sind bisher nicht zugängliche Räume in sogenannten **INSIDER TIPP** geheimen Rundgängen *(percorsi segreti)* mit Führung zu besichtigen. *Palast/Museum/Quartieri Monumentali: April–Sept. Fr–Mi 9–24, Do 9–14, Okt.–März Fr–Mi 9–19, Do 9–14 Uhr; Turm: nach tel. Anmeldung,*

Gebieterisch blickt Neptun vom Brunnen über die Piazza della Signoria

bei Regen geschl. | Eintritt 10 Euro; Museo dei Ragazzi, percorsi segreti: nach tel. Anmeldung Mo–Sa 9.30–17, So bis 12.30 Uhr | Ticket zusätzlich 2 Euro | Tel. 05 52 76 83 25 | Piazza della Signoria | Eingang Via dei Gondi | museicivicifiorentini.comune.fi.it

16 PIAZZA DELLA REPUBBLICA

(130 C3–4) *(F5)*

Immer schon war er ein Zentrum der Stadt: Erst römisches Forum, dann Marktviertel und Ghetto wurde der Platz nach der Erhebung von Florenz zur Hauptstadt Italiens 1890 neu gestaltet und ist heute der von Cafés umgebene, belebte Mittelpunkt des Geschäftsviertels.

17 PIAZZA DELLA SIGNORIA

(130 C4–5) *(F5)*

Dieser vom wehrhaften Palazzo Vecchio dominierte Platz ist schlichtweg beeindruckend. Die statuengeschmückte *Loggia dei Lanzi* und die *Galleria degli Uffizi* schließen die Südseite der Piazza, an der Nordseite befindet sich der *Palazzo Uguccioni* (1559) und an der östlichen Ausbuchtung des Platzes der *Palast des Handelsgerichts* (1359), an dessen Fassade die Wappen der 21 Zünfte angebracht sind. Die der Palastfront gegenüberliegenden Gebäude mit Cafés und Geschäften wurden Ende des 19. Jhs. dem historischen Stil angepasst.
Durch die vielen Skulpturen und Denkmäler erhält der große Platz eine aufgelockerte Atmosphäre. So stehen vor dem Palazzo Vecchio der überlebensgroße *David* aus Marmor von Michelangelo (1504, Kopie, Original in der Galleria dell'Accademia), die Doppelplastik *Herkules und Cacus* von Baccio Bandinelli (1533) und Donatellos um 1460 geschaffene Bronzegruppe *Judith und Holofernes* (Kopie, Original im Palazzo Vecchio). Zwischen dem kolossalen *Neptunbrunnen* von Bartolomeo Ammanati (1565) und dem *Reiterstandbild Cosimos I. de' Medici* von Giambologna (1594) ist eine Granitplatte mit der Jahreszahl 1498 in den Boden eingelassen. Hier kamen der Dominikanermönch Girolamo Savonarola und zwei seiner Anhänger auf Verlangen des Papsts Alexander VI. auf dem Scheiterhaufen ums Leben. Alljährlich am 23. Mai, dem Todestag, legen Kirche und Stadt hier Blumen nieder.

18 PONTE SANTA TRÌNITA

(130 B5) *(F5)*

In drei leichten, eleganten Bögen überspannt diese Brücke scheinbar schwerelos den Fluss. Ihr Entwurf geht auf Michelangelo zurück, ausgeführt wurde er jedoch erst 1567–70 von Ammanati. Als man nach Ende des Zweiten Weltkriegs an den Aufbau der zerstörten Brücke ging, fischte man die Reste aus dem Fluss und öffnete zur Gewinnung der fehlenden Teile noch einmal die Steinbrüche im Boboli-Garten, aus denen ursprünglich die Steine zum Bau der Brücke stammten. Von der Brücke haben Sie besonders bei Sonnenuntergang einen herrlichen Blick flussaufwärts und auf den Ponte Vecchio.

19 PONTE VECCHIO ★

(130 B–C5) *(F5)*

Die „Alte Brücke" ist eines der Wahrzeichen von Florenz. Schon zu Zeiten der Etrusker bestand ein Flussübergang, in römischer Zeit verlief hier die Via Cassia, einer der wichtigsten Handelswege Roms gen Norden. Die jetzige Brücke, die den Fluss an seiner schmalsten Stelle überquert, wurde 1345 von Neri di Fioravanti oder Taddeo Gaddi errichtet. Charakteristisch sind die überhängenden Brückenläden. Von 1422 bis 1593 betrieben hier hauptsächlich Schlachter ihr Geschäft. Als die großherzogliche Familie in den Palazzo Pitti gezogen war, störte sie der Geruch, und Ferdinand I. verfügte, dass fortan nur noch Gold- und Silberschmiede auf der Brücke ihr Handwerk ausüben durften.

Damit er trockenen Fußes vom Palazzo Vecchio zum Palazzo Pitti gelangen konnte, beauftragte 1565 Cosimo I. seinen Architekten Giorgio Vasari mit dem Bau des *Corridoio Vasariano*, der über den Läden der Ostseite entlangläuft. Der Ponte Vecchio blieb als einzige Brücke von der Sprengung durch die Deutschen 1944 verschont; um dies zu ermöglichen, wurden jedoch auf beiden Seiten der Brücke große Teile der alten Wohnquartiere zerstört. Heute ist die Brücke mit ihren Juwelierläden einer der Anziehungspunkte der Stadt.

Eine schmale Uferzone des Arno lädt zum abendlichen Chillen ein

20 SANTISSIMI APOSTOLI

(130 B5) (*🕮 F5*)

Die schöne, kleine Apostelkirche (11. Jh.) etwas abseits der üblichen Touristenpfade wurde in Form einer altchristlichen Basilika mit halbkreisförmiger Apsis erbaut – laut Fassadentafel eine Stiftung von Karl dem Großen, was sich aber als Legende herausstellte. Die dunkelgrünen Marmorsäulen des Innenraums stammen teils aus nahe gelegenen römischen Thermen. Der bemalte Dachstuhl (14. Jh.) ist der am besten erhaltene in der Stadt. Vom Kirchenvorplatz führt ein schmaler Gang durch die Häuserzeile des Lungarno Corsini zum Fluss. *Tgl. 10–12, 16–18 Uhr | Piazza del Limbo 1*

NÖRDLICHES SAN GIOVANNI

Das Quartier nördlich des Doms spaltet sich in zwei Zonen: Die eine umgibt die Basilika San Lorenzo mit der gleichnamigen Markthalle und bunten Marktzeile, die andere erstreckt sich vom Domplatz hin zu San Marco und Santissima Annun-

ziata, wo früher das Universitätsviertel von Florenz zu finden war. Die meisten Fakultäten wurden inzwischen nach Novoli verlegt, und mit ihnen verschwanden auch viele Studenten.

Nur die Kunststudenten der berühmten *Accademia di Belle Arti* unter den Arkaden der belebten Piazza San Marco geben dem Viertel noch studentisches Flair. Doch das nördliche San Giovanni verwandelt sich seit Jahren: Die Präsenz von vielen Immigranten – seien es erst kürzlich zugezogene, seien es diejenigen der zweiten oder gar dritten Generation – machen aus dem Stadtteil ein multikulturelles, aber auch ein leicht heruntergekommenes Viertel – je nach Blickwinkel. Obwohl die Hauptattraktionen der Stadt in San Giovanni geballt sind, hat man in den Gassen nördlich vom Dom nicht das Gefühl, ausschließlich von Touristen umringt zu sein.

1 BIBLIOTECA MEDICEA LAURENZIANA (130 C2) (*F4*)

Die 1578 vollendete Bibliothek beherbergt eine der wertvollsten Handschriftensammlungen der Welt. Der architektonisch höchst eigenwillige Vorraum mit der grandiosen INSIDER TIPP *Treppenanlage* sowie die anschließende INSIDER TIPP *Sala Grande* wurden von Michelangelo entworfen, ebenso die Lesepulte und die hölzerne Decke. Der Fußboden wiederholt das Deckenmuster. *Mo–Sa 9.30–13.30 Uhr | Eintritt 3 Euro | Piazza San Lorenzo 9 | Eingang links der Kirchenfassade | www.bml.firenze.sbn.it*

2 CIMITERO DEGLI INGLESI (134 B5) (*H4*)

Der 1827 außerhalb der Stadtmauern aufgeschüttete Hügel wurde zur letzten Ruhestätte der in der Stadt ansässigen Nichtkatholiken, vor allem Engländer, Schweizer, Russen und Amerikaner. Das berühmteste Grab ist das der englischen Dichterin Elizabeth Barrett Browning. Heute ist der Friedhof eine von Verkehr umgebene Oase, durch die, abgeschirmt von Zypressen, der Duft der Rosen weht. *Winter Di–Fr 14–17, Sommer Di–Fr 15–18, Mo 9–12 Uhr | Piazzale Donatello 38*

3 GALLERIA DELL'ACCADEMIA ★ (131 D–E1) (*G4*)

Größte Attraktion der Galerie sind die sieben Hauptwerke Michelangelos. Die unvollendeten Marmorskulpturen der vier *Gefangenen* längs der Wände im großen Salon waren für das Grabmal Papst Julius II. in Rom bestimmt. Ebenfalls unvollendet blieb die *Figur des hl. Matthäus*, seine einzige Apostelfigur für den Dom von Florenz. Grandios ist auch die *Pietà von Palestrina*. Alle Blicke zieht jedoch der 4,10 m hohe, aus einem einzigen Block weißen Carrara-Marmors gehauene *David* auf sich, Michelangelos bekanntestes Werk. Er wurde 1873 von seinem ursprünglichen Platz vor dem Palazzo Vecchio aus Sicherheitsgründen hierher gebracht. Im 1784 gegründeten Museum werden zudem Werke italienischer Künstler des 13.–15. Jhs. und die größte europäische Sammlung spätgotischer Malerei gezeigt. *Di–So 8.15–18.50 Uhr | Eintritt 8 Euro, Sonderausstellungen 12,50 Euro, Vorbestellung (4 Euro Aufschlag) unter Tel. 0 55 29 48 83 | Via Ricasoli 60*

4 MUSEO ARCHEOLOGICO/ MUSEO EGIZIO (131 F1–2) (*G4*)

Das Archäologische Museum beherbergt die nach der Villa Giulia in Rom reichste etruskische Sammlung sowie die zweitgrößte Sammlung ägyptischer Kunst (nach Turin). Eines der herausragenden Stücke ist ein mythologisches Fabelwesen: die bronzene *Chimäre von Arezzo* aus dem 4. Jh. v. Chr. Außer etruskischen und ägyptischen sind hier auch prähisto-

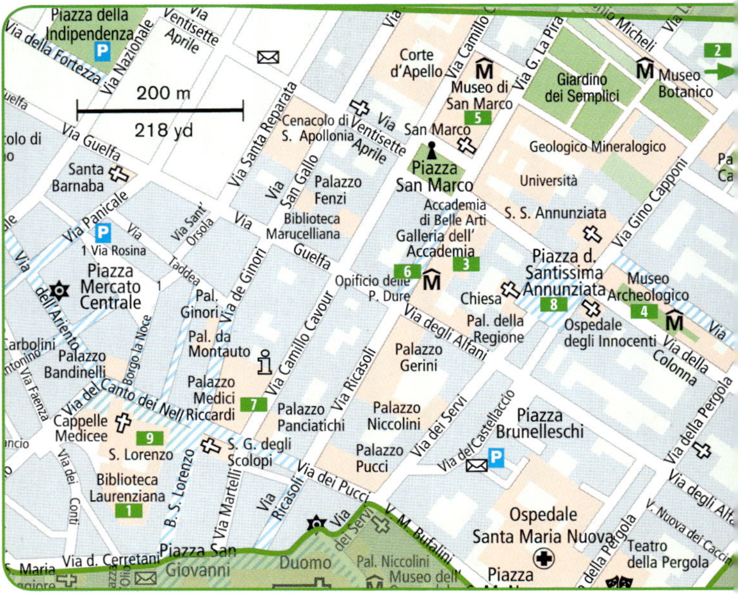

SEHENSWERTES IM NÖRDLICHEN SAN GIOVANNI

1 Biblioteca Medicea Laurenziana
2 Cimitero degli Inglesi
3 Galleria dell'Accademia
4 Museo Archeologico/ Museo Egizio
5 Museo di San Marco
6 Opificio delle Pietre Dure
7 Palazzo Medici Riccardi
8 Piazza della Santissima Annunziata
9 San Lorenzo

Fußgängerzone

rische, griechische und römische Funde zu sehen, u. a. der berühmte *Vaso François* mit schwarzfigurigen Szenen der griechischen Mythologie (6. Jh. v. Chr.). Im schönen Garten sehen Sie zudem rekonstruierte etruskische Grabmäler. *Di–Fr 8.30–19, Sa–Mo bis 14 Uhr | Eintritt 4 Euro | Piazza della Santissima Annunziata 9b | www.archeologicatoscana.it*

5 MUSEO DI SAN MARCO

(134 A5) (*🕮 G3*)

Als den Dominikanern von San Domenico in Fiesole 1435 durch Cosimo I. ein Kloster in der Stadt errichtet wurde, beauftragten sie ihren Ordensbruder Fra Angelico mit der Ausschmückung. Die farbenfrohen Fresken, mit denen der Mönch im Laufe von zehn Jahren (1435–45) die Zellen, das Refektorium und sogar die Gänge des Klosters ausstattete, brachten ihm schon zu Lebzeiten den Namen *Beato* (Begnadeter) ein. Hervorzuheben sind im Kapitelsaal sein großes Fresko der *Kreuzigung Christi*, im Refektorium ein *Abendmahlfresko* von Domenico Ghirlandaio und am Kopf der Treppe zum Zellengeschoss Angelicos bekanntestes Werk, die *Verkündigung.*

Auch jede der 43 Zellen erhielt ein Fresko von Fra Angelico oder einem seiner Helfer. Die Zellen 12 bis 14, die dem Prior vorbehalten waren, sind als Gedenkstätte für Girolamo Savonarola eingerichtet. In die Doppelzelle 38/39 zog sich Cosimo de'Medici häufig zu längerer Meditation zurück. Im ebenfalls im Obergeschoss gelegenen, wohlproportionierten *Bibliothekssaal* von Michelozzo (1444) sind 115 kostbare Kodices, Miniaturen, Handschriften und ein illustriertes Messbuch des Fra Angelico ausgestellt. *Mo–Fr 8.15–13.50, Sa/So bis 16.50 Uhr, 1., 3. und 5. So sowie 2. und 4. Mo im Monat geschl. | Eintritt 4 Euro | Piazza di San Marco 1*

Der Mönch Fra Angelico schmückte das gesamte Kloster San Marco mit seinen Fresken aus

6 OPIFICIO DELLE PIETRE DURE

(131 D1) *(G4)*

In der weltberühmten Akademie für Restaurierungsarbeiten werden auch heute noch von Kunsthandwerkern Einlegearbeiten aus Halbedelsteinen und Marmor ausgeführt, für die Florenz seit der Renaissance berühmt ist. Paradestück dieser *Pietra-dura*-Arbeiten ist die *Cappella dei Principi* in San Lorenzo. Die Entwürfe und ein Modell der Kapelle sowie unzählige andere Werke werden gezeigt. INSIDER TIPP Sie können die Künstler bei der Arbeit beobachten. *Mo–Sa 8.15–14 Uhr | Eintritt 4 Euro | Via degli Alfani 78 | www.opificiodellepietredure.it*

7 PALAZZO MEDICI RICCARDI

(130 C2) *(F4)*

Hier wohnte Cosimo der Ältere mit seiner Familie bis zu seinem Tod 1464. Zwanzig Jahre zuvor hatte er Michelozzo mit dem Bau dieses repräsentativen Palasts mit seiner imposanten Rustikaquaderung beauftragt. Eine besondere Neuerung war der Innenhof mit Arkaden, über denen das Medici-Wappen prangt. Nur wenige Räume und die von Benozzo Gozzoli 1459 im ersten Stock mit wunderschönen Landschaftsfresken ausgemalte kleine *Cappella dei Magi* können Sie besichtigen. In den übrigen Räumen logiert die Provinzverwaltung von Florenz. *Do–Di 9–18 Uhr | Eintritt 7 Euro | Via Camillo Cavour 1 | www.palazzo-medici.it*

8 PIAZZA DELLA SANTISSIMA ANNUNZIATA (131 E1) *(G4)*

Der harmonisch gestaltete Platz mit einem Reiterstandbild Ferdinands I. von Giambologna und einem phantasievollen Brunnen von Pietro Tacca ist an drei Seiten von Arkadenreihen umgeben: im Norden das Vorhaus der Kirche Santissima Annunziata, an der Westseite der Säulengang des Spedale degli Innocenti, das Filippo Brunelleschi 1419 im Auftrag der Seidenhändler errichtete, und auf der gegenüberliegenden Seite die von Antonio da Sangallo errichtete *Loggia.*

Nachdem 1252 ein Engel über Nacht ein „Verkündungfresko" zu Ende gemalt haben soll, wurde die kurz zuvor errichtete Kirche *Santissima Annunziata (tgl. 7.30–12.30 und 16–18.30 Uhr)* zum Wallfahrtsziel. Im Kreuzgang sind Gemälde von Rosso Fiorentino, Pontormo und Andrea del Sarto und in den Seitenkapellen Fresken von Andrea del Castagno und Perugino sehenswert. In der Kapelle gleich links im Kirchenschiff wird ein wundertätiges Marienbild aufbewahrt, das nur am 25. März gezeigt wird.

In Brunelleschis *Findelhaus* wurden seit 1445 ungewollte Kinder durch die Drehtür an der linken Schmalwand der Loggia geschoben – bis ins Jahr 1875! Das Gebäude mit den Rundbildern der Wickelkinder aus Terrakotta (Andrea della Robbia) beherbergt heute das *Museo degli Innocenti (www.istitutodeglinnocenti.it)* mit einer reichen Sammlung von Gemälden und Fresken des 14.–19. Jhs.

RICHTIG FIT

Zum Joggen fahren Sie am besten mit dem Bus (12, 13, 17, 18) zu den Grünanlagen des *Parco delle Cascine:* Auf den Wegen, die sich über 3 km entlang des Arnoufers erstrecken, können Sie gut laufen, während sich auf den geteerten Alleen, die den 118 ha großen Park durchziehen, die Rollerblader treffen. *Sightjogging* heißt ein neuer Trend, der Fitness mit dem Bewundern von Sehenswürdigkeiten verbindet. Dafür können Sie sich einen Personal Trainer für 50–80 Euro pro Person – je nach Route und Dauer – buchen, z. B. über *Florence Jogging Tours (www.florencejoggingtours.com)* oder beim *Hotel River* **(138 B3) (*H6*)** *(Tel. 05 52 34 35 29 | www.hotelriver.com).*

9 SAN LORENZO ★ (130 C2) *(F4)*

Es gibt keinen Stein in dieser Kirche, der nicht irgendwie an eine Persönlichkeit aus dem Hause der Medici erinnert. Giovanni di Bicci de'Medici, der Stammvater, beauftragte Brunelleschi um 1420 mit der Erweiterung des frühchristlichen Gotteshauses, das schon 393 dem hl. Lorenz geweiht worden war. Brunelleschi beendete 1428 zunächst die Alte Sakristei *(Sagrestia Vecchia)*, den ersten Zentralraum der Renaissance. Cosimo der Ältere, der Sohn Giovannis, führte nach dessen Tod den Bau der Kirche bis zu ihrer Vollendung 1446 weiter. Er liegt in der Krypta begraben. Eine vielfarbige, runde Steinplatte vor dem Hauptaltar bezeichnet die Stelle. Neben seinem Freund und Mäzen Cosimo Il Vecchio fand Donatello seine letzte Ruhestätte.

Zur endgültigen Umwandlung des Kirchenkomplexes in ein großes Mausoleum, den INSIDER TIPP *Cappelle Medicee (tgl. 8.15–13.50 Uhr, 2., 4. So und 1., 3. und 5. Mo im Monat geschl. | Eintritt 8 Euro, bei Sonderausstellungen 9 Euro | Eingang: Piazza Madonna degli Aldobrandini 6)*, trug Papst Leo X., Urenkel Cosimos, entscheidend bei, als er Mi-

Eine kleine Oase – vom Kreuzgang von San Lorenzo gelangen Sie auch zur Biblioteca Medicea

chelangelo mit dem Bau der Neuen Sakristei *(Sagrestia Nuova)* beauftragte. In den Medici-Kapellen stehen die bedeutenden Grabmäler für Lorenzo Il Magnifico, seinen Bruder Giuliano und deren Nachkömmlinge Giuliano, Herzog von Nemours, sowie Lorenzo, Herzog von Urbino – alle ebenfalls aus der Hand Michelangelos. Mit dem Bau der angrenzenden und vollständig mit Halbedelsteinen ausgekleideten Fürstenkapelle, der *Cappella dei Principi,* fand zu Beginn des 17. Jhs. die Verherrlichung der Herrscherfamilie ihren Abschluss. Der Entwurf dazu stammt von Giovanni, Sohn Cosimos I.

Zum Kreuzgang und der *Biblioteca Medicea Laurenziana* gelangt man durch eine Tür links neben dem Kirchenportal. Es gab Ausschreibungen für die Gestaltung der Rohsteinfassade, auch Pläne von Michelangelo liegen vor, wurden aber nie ausgeführt. *Mo–Sa 10–17, März–Okt. auch So 13.30–17 Uhr | Eintritt 3,50 Euro | Piazza di San Lorenzo*

SANTA MARIA NOVELLA

Eine der schönsten Kirchen der Stadt mit ihrer herrlichen Marmorfassade gibt diesem Viertel seinen Namen und auch dem großen Platz davor: Santa Maria Novella.

Dieser Stadtteil erstreckt sich vom gleichnamigen Hauptbahnhof nordwärts bis zur Festung *Fortezza da Basso*, Richtung Westen bis hin zum 1,60 km² großen *Parco delle Cascine* – der einzigen öffentlichen Grünfläche der Stadt – und wird im Süden vom Fluss Arno und der Luxus-Shoppingmeile *Via dei Tornabuoni* begrenzt. Das *Teatro Comunale* mit seinem weltberühmten Musikfestival *Maggio Musicale Fiorentino* und majestätische Paläste längs des Flusses charakterisieren dieses vom Tourismus noch nicht gänzlich eingenommene Quartier.

1 MUSEO MARINO MARINI
(130 A–B3) (*E–F5*)

In der ehemaligen Kirche San Pancrazio, deren Ursprünge bis in die frühchristliche Zeit zurückreichen, wurde 1988 das erste Museum für moderne Kunst der Stadt eingerichtet. Der INSIDER TIPP modernisierte Kirchenraum birgt über 200 Pferdedarstellungen des Pistoieser Bildhauers, Malers und Grafikers Marino Marini (1901–80).

2013 wurde das Museum noch um ein ganz anderes, eher architektonisch-sakrales Juwel erweitert: eine kleine Kapelle, die seit den Zeiten Napoleons zugemauert war. Nach einer aufwendigen Restaurierung kann man nun den prachtvollen INSIDER TIPP *Sacello Rucellai* wieder betreten. Giovanni Rucellai ließ sein dort befindliches Grabmal um 1570 von Leon Battista Alberti errichten. *Mi–Sa und Mo 10–17 Uhr | Eintritt 6 Euro | Piazza di San Pancrazio | www.museomarinomarini.it*

2 MUSEO NAZIONALE ALINARI DELLA FOTOGRAFIA
(130 A3) (*E4–5*)

Gegründet 1852 von den Brüdern Alinari, ist die *Fondazione Alinari* die älteste Firma der Welt, die sich mit Fotografie beschäftigt und heute rund 3,5 Mio. Fotos verwaltet. Eine Ausstellung in der *Loggia dell'Ospedale di San Paolo* (15. Jh.) zeigt die Geschichte der Fotografie ab den ersten Techniken und Fotografen. Sonderausstellungen. *Do–Di 10–19 Uhr | Eintritt 9 Euro | Piazza Santa Maria Novella 14a/r | www.alinarifondazione.it*

3 INSIDER TIPP MUSEO NOVECENTO
(130 A3) (*E4*)

Über 300 nie ausgestellte Meisterwerke italienischer Maler des 20. Jhs. sind der stolze Besitz der Stadt Florenz und haben 2014 Platz in einem neuen Museum gefunden. Zu bewundern sind auf 800 m^2 Ausstellungsfläche, verteilt auf fünf Etagen und 15 Ausstellungsräume,

Von der Edelmeile Via dei Tornabuoni sind es nur wenige Schritte bis zum Museo Marino Marini

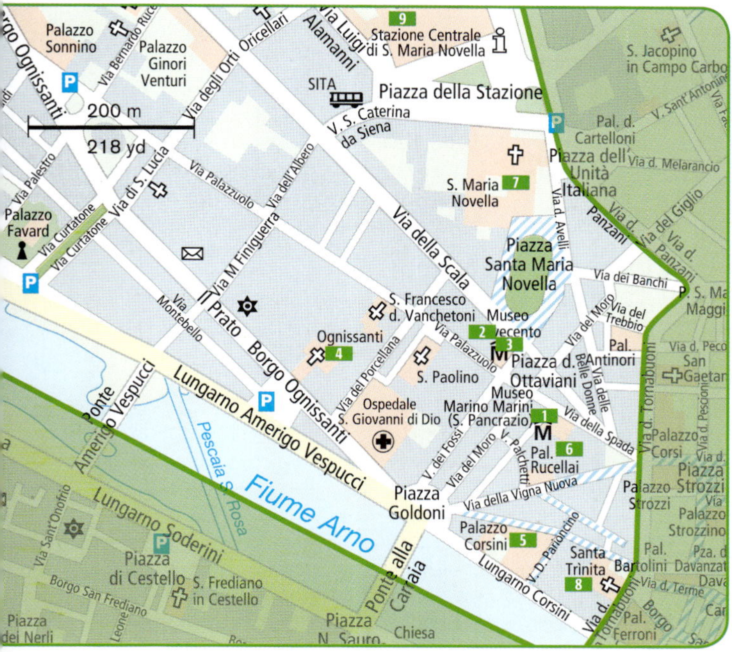

SEHENSWERTES IN SANTA MARIA NOVELLA

1 Museo Marino Marini
2 Museo Nazionale Alinari della Fotografia
3 Museo Novecento
4 Ognissanti
5 Palazzo Corsini sull'Arno
6 Palazzo Rucellai
7 Santa Maria Novella
8 Santa Trìnita
9 Stazione di Santa Maria Novella

Fußgängerzone

Werke u. a. von Giorgio de Chirico, Carlo Carrà, Gorgio Morandi und Marino Marini. *April–Sept. Sa–Mi 10–21, Do 10–14, Fr 10–23, Okt.–März Mo–Mi 10–18, Do 10–14, Fr 10–21, Sa/So 10–20 Uhr | Eintritt 8,50 Euro | Piazza Santa Maria Novella 10 | www.museonovecento.it*

4 OGNISSANTI (133 D6) (*E5*)

Die Allerheiligenkirche ist das typische Beispiel einer von den mächtigen Familien der Stadt gesponserten Kirche. Die reiche Familie der Vespucci stiftete nicht nur einen Großteil der Ausstattung, sondern 1380 auch das angrenzende Hospital *San Giovanni di Dio*, das bis vor Kurzem noch als Krankenhaus genutzt wurde.

Im zweiten Kirchenaltar rechts breitet eine *Schutzmantelmadonna* (ein frühes Werk Ghirlandaios, um 1473) ihren Mantel über der Familie Vespucci aus. Der junge Mann unter ihrem rechten Arm ist vermutlich der Seefahrer Amerigo Vespucci, nach dem der gerade entdeckte Kontinent Amerika benannt wurde. In der zweiten Kapelle des rechten Querschiffs zeigt eine runde Steinplatte die Grabstelle des großen Frührenaissancemalers Sandro Botticelli an, von dem auch das Fresko des hl. Augustinus im Refektorium des Klosters stammt. Im linken Querschiff kann man nach zehnjährigen Restaurierungsarbeiten endlich wieder das berühmte INSIDER TIPP *Kruzifix Giottos* aus dem 14. Jh. bewundern. Beachtenswert ist in diesem Raum auch das große *Cenacolo del Ghirlandaio*, das Abendmahlfresko von Domenico Ghirlandaio (1480). *Mo–Do und Sa 9–12.30 Uhr | Eintritt frei | Borgo Ognissanti 42 | www.chiesaognissanti.it*

5 PALAZZO CORSINI SULL'ARNO

(130 A4) (*🕮 E5*)

Die den Lungarno Corsini beherrschende Barockanlage mit ihren Statuen ist nicht zu übersehen. Der Palast beherbergt die größte private Kunstsammlung der Stadt, zu besichtigen jedoch nur nach telefonischer Anmeldung *(Tel. 055 218994)*. In ungeraden Jahren findet im Herbst die *Biennale Internazionale dell'Antiquariato (www.mostraantiquariato.it)* in den Sälen des Palazzo statt. *Via del Parione 11 | www.palazzocorsini.it*

6 PALAZZO RUCELLAI

(130 A–B4) (*🕮 E5*)

Der 1451 erbaute Renaissancepalast des reichen Kaufmanns Giovanni Rucellai gilt als der vornehmste der Stadt. Hier wurde die Forderung des Baumeisters Leon Battista Alberti (1402–72) verwirklicht, dass Wohnpaläste „... schön verziert, fein artikuliert und vornehm sein (sollten), statt prunkvoll und imposant". Der Palast wird heute noch von der Familie Rucellai bewohnt, eine Innenbesichtigung ist daher nicht möglich. *Via della Vigna Nuova 16*

7 SANTA MARIA NOVELLA

(130 A2) (*🕮 E4*)

„In der ehrwürdigen Kirche Santa Maria Novella ...", beginnt das erste Kapitel aus Boccaccios *Decamerone*, einer Geschichte, die zur Zeit der Pest spielt, welche im 14. Jh. in Florenz grausam wütete. Die Überlebenden stifteten zahlreiche Kapellen der Kirche. Dieser erste gotische Bau der Stadt entstand 1246–1300. Die Außenmauern sind nach Art des Baptisteriums mit weißem und grünem Marmor verkleidet. Der obere Teil der Fassade wurde allerdings erst 1470 mit Mitteln des Florentiner Kaufmanns Giovanni Rucellai vollendet.

Auch das Innere dieser Kirche verdient eine eingehende Betrachtung. Die großen Freskenzyklen zeigen auch den Wohnstil und die Mode des 15. Jhs. Zu den schönsten gehören in der Hauptchorkapelle (1486–90) die Szenen Domenico Ghirlandaios aus dem Leben Mariä, die Fresken der *Cappella Strozzi* rechts neben dem Hauptaltar von Filippino Lippi und die düsteren Visionen des *Jüngsten Gerichts* von Nardo di Cione (gemalt um 1357) in der *Cappella Strozzi di Mantova.*

Im dritten Joch links malte Masaccio kurz vor seinem Tod 1428 ein bereits perspektivisch exakt durchkonstruiertes *Dreifaltigkeitsfresko.* Außerdem birgt die Kirche auch Werke von Brunelleschi (die Marmorkanzel und ein Holzkruzifix in der *Cappella Gondi*, links neben der Hauptchorkapelle), Giotto (Kruzifix) und Giovanni della Robbia.

Der benachbarte Grüne Kreuzgang *(Chiostro verde)* von 1332, den Paolo Uccello mit Szenen der Schöpfungsgeschichte ausmalte (leider schlecht erhalten), und die *Cappella Spagnola* mit den Fresken zum *Triumph des Dominikanerordens* von Andrea da Firenze lohnen ebenfalls einen Besuch. *Mo–Do 9–17.30, Fr 11–17.30, Sa 9–17, So Juli–Sept. 12–17, Okt.–Juni 13–17 Uhr | Eintritt 5 Euro | Piazza di Santa Maria Novella 18 | www.chiesasantamarianovella.it*

Die Fassade von Santa Maria Novella: ein kunstvolles Mosaik aus zweierlei Marmor

8 INSIDER TIPP **SANTA TRÌNITA** (130 B4) *(F5)*

Die Kirche, deren Ursprung auf das 11. Jh. zurückgeht, birgt neben vielen anderen Kunstschätzen zwei Hauptwerke von Domenico Ghirlandaio: die Fresken der *Cappella Sassetti* aus dem Leben des hl. Franziskus und die *Anbetung der Könige* von 1485. *Mo–Sa 8–12 und 16–18, So 8–10.45 und 16–18 Uhr | Piazza Santa Trìnita*

9 **STAZIONE DI SANTA MARIA NOVELLA** (130 A1) *(E4)*

Der Bahnhof – vom Florentiner Architekten Giovanni Michelucci 1933–35 errichtet – gilt als Paradebeispiel des italienischen Rationalismus. Jedes Detail seiner Ausstattung stellt Bezüge zu Florenz oder der Toskana her: So sind die Bänke aus Zypressenholz, der Boden aus dem weißen Marmor der Apuanen, dem roten vom Monte Amiata, dem gelben Sienas und dem grünen des Apennin. Die Bar schmücken zwei große Fresken von Ottone Rosai. *Piazza della Stazione*

SANTA CROCE

Es ist das lebendigste Viertel von Florenz: Viele kleine Geschäfte laden zum Shoppen ein, und in den Restaurants um die Franziskanerkirche Santa Croce, die dem Stadtviertel seinen Namen, kann man nicht nur beste toskanische Küche und internationale Kochkunst genießen. Schon in römischer Zeit war dieses Viertel der Unterhaltung gewidmet: Das *Amphitheater* des 2. Jhs. lag dem westlichen Ende des Platzes gegenüber – heute noch erkennbar in der ovalen Straßenführung von Piazza de'Peruzzi, Via Bentaccordi und Via Torta. Am südlichen Ende der Piazza, unterhalb des mit Fresken bemalten *Palazzo dell'Antella,* erkennt man in der Wand eine eingefügte Scheibe aus Marmor, die genau die Hälfte des Feldes des hier ausgetragenen *Calcio in Costume* (s. S. 20) kennzeichnet – somit zählt die Piazza zu einem der ältesten Fußballfelder der Welt.

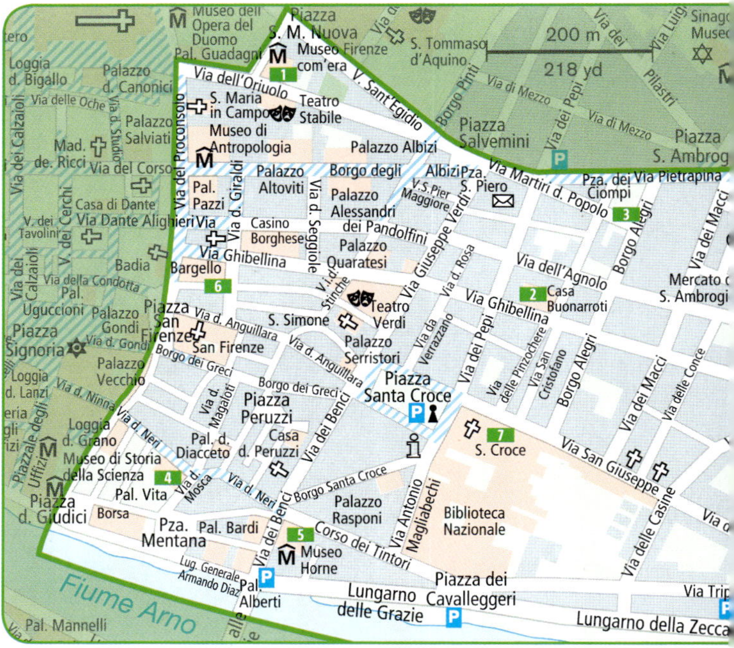

SEHENSWERTES IN SANTA CROCE

- 1 Biblioteca delle Oblate
- 2 Casa Buonarroti
- 3 Loggia del Pesce
- 4 Museo Galileo – Istituto di Storia della Scienza
- 5 Museo Horne
- 6 Museo Nazionale del Bargello
- 7 Santa Croce

Fußgängerzone

1 BIBLIOTECA DELLE OBLATE ●

(131 E3) (*🕮 G5*)

In dem früheren Kloster (14. Jh.) mit schönem Kreuzgang sind auf drei Etagen die Stadtbibliothek und eine Mediathek *(Mi 9–14, Do/Fr 9–17 Uhr)* sowie im zweiten Stock ein großer Bereich für Kinder untergebracht, die dort spielen und in Kinderbüchern stöbern können *(bis 18.45 Uhr)*. Hier hat man außerdem die Möglichkeit, auf der INSIDER TIPP Dachterrasse mit Traumblick auf die zum Greifen nahe Domkuppel kostenlos internationale Tageszeitungen zu lesen, sich in der Cafeteria eine Auszeit zu gönnen und im Sommer an kleinen musikalischen Events teilzunehmen. *Mo 14–22, Di–Sa 9–24 Uhr | Via dell'Oriuolo 26 | www.lospaziochesperavi.it*

2 CASA BUONARROTI

(131 F4) (*🕮 G5*)

Der kleine Palazzo wurde von Michelangelo erworben und 1858 von Cosimo Buonarroti der Stadt vermacht. Zeichnungen, Pläne und Erinnerungsstücke an den Künstler sind hier ausgestellt. Unter den Frühwerken das berühmte Marmorrelief *Madonna della Scala* und die *Zentaurenschlacht*. *Mi–Mo 10–17 Uhr | Eintritt 6,50 Euro | Via Ghibellina 70 | www.casabuonarroti.it*

3 LOGGIA DEL PESCE (138 B2) (*H5*)

Die nach Plänen Giorgio Vasaris gebaute Loggia war die Fischhalle des alten Markts. Als dieser Ende des 19. Jhs. für den Bau der Piazza della Repubblica weichen musste, versetzte man die Loggia an die Piazza dei Ciompi, auf der heute ein kleiner Flohmarkt stattfindet. *Markt Mo–Sa und letzter So im Monat 9–13 und 16–19 Uhr | Via Pietrapiana*

4 INSIDER TIPP MUSEO GALILEO – ISTITUTO DI STORIA DELLA SCIENZA (130 C5) (*F5*)

Das Museum gehört zu den weltweit bedeutendsten seiner Art. Eine große Sektion ist Galileo Galilei gewidmet. In neun großen Sälen werden mathematische, optische, hydraulische, astronomische und chirurgische Geräte ausgestellt, darunter Planetenmodelle, das erste Teleskop, die Fernrohre und die Linsen, mit denen der große Astronom und Physiker seine Beobachtungen machte und u. a. die Jupitertrabanten entdeckte, das erste Quecksilberbarometer (1634), eine bedeutende Sammung von Mineralien und vieles mehr. *Mi–Mo 9.30–18, Di bis 13 Uhr | Eintritt 9 Euro | Piazza dei Giudici 1 | www.museogalileo.it*

5 MUSEO HORNE (131 E5) (*G6*)

Als 1916 der englische Kunsthistoriker und Architekt Herbert Percy Horne starb, überließ er dem italienischen Staat den von ihm 1911 erworbenen *Palazzo Corsi* (15. Jh.) und seine beachtliche Kunstsammlung, die über 6000 Werke zählt – von Giotto, Simone Martini, Filippo Lippi, Masaccio und Giambologna über kostbare Einrichtungsgegenstände des 14.–16. Jhs. *Mo–Sa 9–13 Uhr | Eintritt 7 Euro | Via dei Benci 6 | www.museohorne.it*

6 MUSEO NAZIONALE DEL BARGELLO ★ ● (131 D4) (*G5*)

Die hohen Gewölbe dieses zinnengekrönten Palasts beherbergen die größte Sammlung italienischer Skulpturen des 14.–16. Jhs., außerdem die Medail-

Museo Nazionale del Bargello: Festzug zum Baptisterium auf einer Hochzeitstruhe

lensammlung der Medici, bedeutende Elfenbeinwerke und Majoliken des 15.–18. Jhs. sowie Waffen und Kleinbronzen. Glanzstücke des Museums sind Michelangelos *Trunkener Bacchus* (1497 begonnen), die Marmorbüste des *Brutus* (um 1540) und das kreisrunde *Tondo Pitti* (1504), die zusammen mit Werken Cellinis, Giambolognas und anderen im Erdgeschoss ausgestellt sind. Im großen Saal des Obergeschosses befinden sich Skulpturen der Frührenaissance, unter ihnen die *Davidstatuen* in Marmor (1408) und in Bronze (1423) von Donatello.

Der burgähnliche Palast selbst, 1254–61 erbaut, diente mit seinem 54 m hohen Turm früher als Sitz des Stadtkommandanten *(Capitano del Popolo)* und des Bürgermeisters *(Podestà)*. 1502–1859 waren hier das Stadtgefängnis und die Wohnung des Polizeihauptmanns *(Bargello)* untergebracht, der dem Gebäude seinen heutigen Namen gab. Neben dem Brunnen im wappengeschmückten Innenhof stand der Galgen, an dem bis 1782 hingerichtet wurde. *Tgl. 8.15–13.50 Uhr, 2. und 4. Mo sowie 1., 3. und 5. So geschl. | Eintritt 4 Euro, bei Sonderausstellungen 7 Euro | Via del Proconsolo 4*

7 SANTA CROCE ★

(131 E–F5) *(🗺 G5)*

Santa Croce ist die Hauptkirche der Franziskaner in Florenz. Schon kurz nach dem Tod des hl. Franziskus 1226 errichteten seine Anhänger hier eine kleine Kapelle, die jedoch bald die Zahl der Gläubigen nicht mehr aufnehmen konnte, sodass man bereits 1294 den Grundstein für den mächtigen gotischen Neubau legte, der 1385 fertiggestellt wurde. 1853 erhielt die Kirche eine neugotische Fassade. Mit einer Länge von 115 m, einer Breite des Mittelschiffs von 38 m und einer Balkenkreuzbreite von 73 m übertraf Santa Croce nun an Ausdehnung die kurz zuvor vollendete Kirche Santa Maria Novella des rivalisierenden Dominikanerordens.

Der Innenraum mit dem offenen, bemalten Dachstuhl und einem geraden

Chorabschluss zeigt die für Bettelordenkirchen typisch schlichte Architektur. Das große Gotteshaus wird auch als das „Pantheon von Florenz" bezeichnet: 278 *Grabplatten* des 14.–19. Jhs. sind in den Fußboden eingelassen. Galileo, Michelangelo, Machiavelli, Ghiberti, der Komponist Rossini und viele andere haben prächtig ausgeführte Grabmäler. Auch Dante, der in der Verbannung in Ravenna gestorbene größte Dichter Italiens, wird hier mit einem 500 Jahre nach seinem Tod geschaffenen Denkmal geehrt. Die rechts neben dem Hauptaltar liegenden *Grabkapellen der Bardi und Peruzzi* malte Giotto in den Jahren 1316–30 mit Fresken aus, die zu den herausragenden dieser Epoche zählen. Auch die anderen Kapellen sind mit kostbaren Wandmalereien geschmückt. Die herrliche *Marmorkanzel* stammt von Benedetto da Maiano, das *Verkündigungstabernakel* (hinter dem fünften Pfeiler rechts) ist ein bedeutendes Werk Donatellos (1435), geschaffen aus grauem Sandstein mit Vergoldungen.

Rechts neben der Kirche befindet sich der Eingang zu den Klosterhöfen mit der *Cappella dei Pazzi* und dem *Museo dell'Opera di Santa Croce*. Die architektonisch bedeutsame Pazzi-Kapelle mit ihren klaren, ganz in Weiß und Grau gehaltenen Formen wurde vermutlich von Brunelleschi 1429–44 erbaut. Die *Medaillons* aus glasierter Terrakotta schuf Luca della Robbia. Im Kirchenmuseum sind Werke Florentiner Sakralkunst ausgestellt. *Kirche und Museum: Mo–Sa 9.30–17, So 14–17 Uhr | Eintritt 6 Euro | Piazza di Santa Croce 16 | www.santacroceopera.it*

OLTRARNO

Im Viertel der Kunsthandwerker Oltrarno (jenseits des Arno) spürt man noch einen Hauch des „alten" Florenz. Verwinkelte Gassen führen zu kleinen Plätzen, an denen tagsüber die Zeit stehen geblieben zu sein scheint, während sich

Santa Croce: gebaut für einen Bettelorden, doch ausgestattet mit bedeutenden Grabmälern

abends die jungen Leute vor den Bars und Trattorien tummeln.

Der Charme der kleinen Werkstätten, in denen gewandte Kunsthandwerker noch immer ihre jahrhundertelang überlieferten Verarbeitungstechniken von Leder, Glas, Bronze, Holz, Marmor, Stroh, Gold oder Silber anwenden, ist nirgendwo anders in der Stadt so authentisch. Im Oltrarno liegen aber auch schöne Renaissancepaläste mit berühmten Antiquitätenhandlungen sowie der grandiose *Palazzo Pitti* mit den *Boboli-Gärten*.

1 INSIDER TIPP FORTE DI BELVEDERE (137 E4) (*F6*)

Als Ferdinand I. de' Medici 1590 den Architekten Buontalenti mit dem Bau dieser Festungsanlage oberhalb von Florenz beauftragte, ließ er die Kanonen auch auf die Stadt richten, denn die Medici waren sich ihrer Macht nie wirklich sicher. Im Innern der Anlage liegt der elegante, dreistöckige *Palazzetto di Belvedere*. Nach zwei tödlichen Unfällen, bei denen Besucher vom Mauerring stürzten, öffnet die Festung ihre Tore nur für Open-Air-Ausstellungen. Diese nicht verpassen! *Wechselnde Öffnungszeiten | Via San Leonardo | www.museicivicifiorentini.comune.fi.it/fortebelvedere*

2 GIARDINO DI BOBOLI ★ (137 D–E4) (*E–F 6–7*)

Hinter dem Palazzo Pitti zur Porta Romana und hinauf bis zum Forte di Belvedere erstreckt sich die herrliche Gartenanlage mit ihren Laubengängen und Zypressenalleen, Wasserspielen und Teichen, Treppen und künstlichen Grotten, einem Amphitheater und Hunderten von Marmorstatuen. Für einen Gang durch den 45 000 m^2 großen Park mit schönen Ausblicken auf die Stadt sollten Sie drei Stun-

Giardino di Boboli: Die früheren Privatgärten der Medici sind heute öffentlich zugänglich

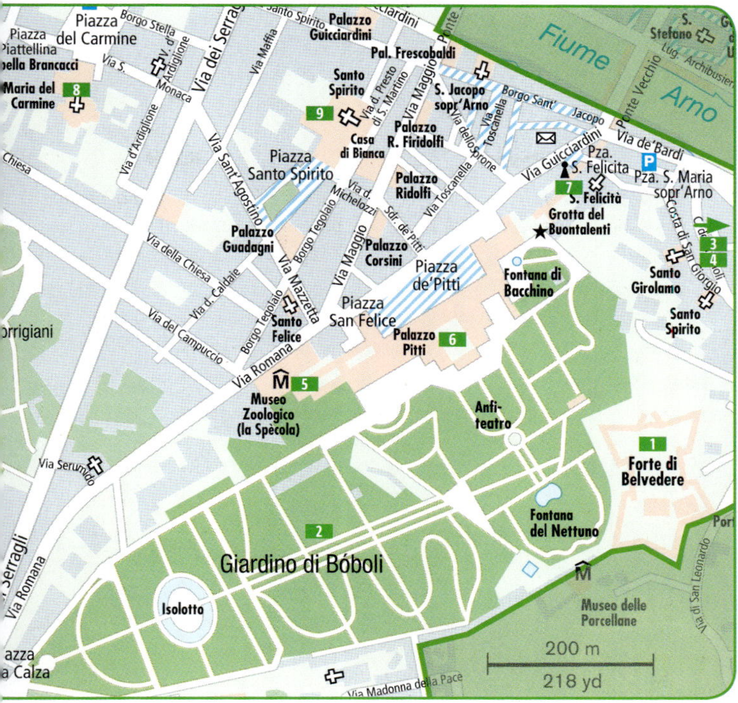

SEHENSWERTES IN OLTRARNO

1 Forte di Belvedere
2 Giardino di Boboli
3 Giardino & Villa Bardini
4 Museo Stefano Bardini
5 Museo Zoologico „La Specola"
6 Palazzo Pitti
7 Santa Felicita
8 Santa Maria del Carmine/ Cappella Brancacci
9 Santo Spirito

Fußgängerzone

den einplanen. Im Sommer finden hier abendliche Kammerkonzerte statt. *Tgl. Nov.–Feb. 8.15–16.30, März bis 17.30, April/Mai und Sept./Okt. bis 18.30, Juni–Aug. bis 19.30 Uhr, 1. und letzter Mo des Monats geschl. | Eintritt 7 Euro, bei Sonderausstellungen 10 Euro, Ticket gültig für Giardino di Boboli, Museo degli Argenti, Galleria del Costume, Museo delle Porcellane und Giardino Bardini | Eingänge Palazzo Pitti, Via Romana und Porta Romana | www.polomuseale.firenze.it*

3 GIARDINO & VILLA BARDINI ●

(137 F–64) *(F6)*

Einen herrlichen Blick auf die Stadt hat man vom bezaubernden Garten der Villa Bardini. Wenn die Glyzinien und Rosen sowie die vielen Hortensien blühen und Sie die barocke Freitreppe hinauf zum Rondò Belvedere steigen, sind Sie von betäubenden Düften umgeben. Die Villa von 1641 beherbergt das Museum der Stiftung des Modeschöpfers *Roberto Capucci (Okt.–März Mi–Fr 10–16, Sa/So 10–*

18, April–Sept. Mi–So 10–18 Uhr | Eintritt 6 Euro | www.fondazionerobertocapucci.com) sowie das *Museo Pietro Annigoni (Di–So 10–19 Uhr | Eintritt 8 Euro | www.museoannigoni.it)* des 1988 verstorbenen Malers. *Nov.–Feb. 8.15–16.30, März 8.15–17.30, April/Mai und Sept./Okt. 8.15–18.30, Juni–Aug. 8.15–19.30 Uhr | Eintritt 10 Euro, Sammelticket mit Giardino di Boboli, Galleria del Costume, Museo delle Porcellane und Museo degli Argenti | Costa di San Giorgio 2 | www.bardinipeyron.it*

4 MUSEO STEFANO BARDINI

(138 A4) (*G6*)

Das Museum trägt den Namen des berühmten Sammlers, Restaurators und Fotografen Stefano Bardini (1836–1922), der seine gesamten Sammlung der Stadt vermachte. Neben den Werken von Donatello, Antonio del Pollaiolo, Tiepolo und vielen anderen kann man hier auch die Original-Bronzefigur des *porcellino* von Pietro Tacca bewundern, dessen Kopie an der *Loggia del Mercato Nuovo* fast alle Touristen begeistert. *Fr–Mo 11–17 Uhr | Eintritt 6 Euro | Via dei Renai 37*

5 MUSEO ZOOLOGICO „LA SPECOLA"

(137 D–E4) (*E6*)

In der ehemaligen Sternwarte *La Specola* befindet sich heute eine auch für Jugendliche faszinierende zoologische Sammlung mit Tierpräparaten von der Vogelspinne bis zur Riesenschildkröte und eine interessante Schmetterlingssammlung. Besonders sehenswert – und kurios – ist die INSIDER TIPP anatomische Abteilung. Hier sind über 1400 teils verblüffend naturgetreue Wachsnachbildun-

CITY-SIGHTSEEING

City-Sightseeing Firenze (www.firenze.city-sightseeing.it) bietet zwei verschiedene Routen an, die Sie quer durch die Stadt bis hinauf auf die grünen Hügel bringen. „Hop on – hop off" heißt die Devise, und so kann man mit demselben Ticket *(20–30 Euro)* ein, zwei oder drei Tage lang beliebig oft auf einer Route aus- und wieder einsteigen. Die Busse verkehren im 30- bis 60-minütigen Rhythmus. Audioguides geben Erklärungen in acht Sprachen. Tickets und Pläne gibt's direkt im Bus oder im Hotel.

Im Palast selbst wartet höchste Kunst, in seinen weiten Gärten Erholung pur: Palazzo Pitti

gen menschlicher Organe und ganzer „enthäuteter" Körper in Vitrinen ausgestellt – manche auf Satin drapiert. Der Großteil der ausgestellten Präparate, die alle 1775–1814 in der museumseigenen Wachsmodellwerkstatt von Clemente Susini geformt wurden, diente ursprünglich dem medizinischen Unterricht. *Juni–Sept. Di–So 10.30–17.30 Uhr | Eintritt 6 Euro | Via Romana 17 | www.msn.unifi.it*

6 PALAZZO PITTI ●

(137 E3–4) (*🕮 E–F6*)

Den Kern dieses mächtigen Palasts ließ 1457 der Florentiner Kaufmann Luca Pitti errichten. Der in den folgenden Jahrhunderten bis zu einer kolossalen Fassadenlänge von 205 m erweiterte Bau war bis 1859 Residenz der toskanischen Großherzöge. Als Florenz 1865–71 Hauptstadt Italiens war, residierte hier König Viktor Emanuel II. Heute beherbergen der Palazzo Pitti und seine Nebengebäude sieben Museen und Sammlungen. Die private Gemäldesammlung der Großherzöge im linken Palastflügel bildete den Grundstock der *Galleria Palatina*; sie ist nach den Uffizien die wichtigste Gemäldegalerie in Florenz. Die Wände von 30 prächtigen Räumen sind mit Hauptwerken der europäischen Malerei geradezu tapeziert. Glanzpunkte der Sammlung sind Gemälde von Tizian, Raphael, Tintoretto, Giorgione, Rubens, Caravaggio, van Dyck und Velázquez.

Auf der rechten Seite des Obergeschosses zeigen die *Appartamenti Reali* fürstlichen Wohnstil. Im obersten Stock ist die *Galleria d'Arte Moderna* untergebracht. In 30 (nur teilweise geöffneten) Sälen wird ein komplettes Spektrum toskanischer Malerei vom 18. bis zum 20. Jh. gezeigt. Besonderes Interesse verdienen die Werke der *Macchiaioli* (Fleckenmaler), eines den Impressionisten nahestehenden Künstlerkreises.

Das *Museo degli Argenti* (Silbermuseum) in Räumen, die anlässlich der Hochzeit Ferdinands II. mit Vittoria della Rovere 1634 prunkvoll ausgestattet wurden, beherbergt den Silberschatz der Medici sowie wertvolle Arbeiten aus Gold, Edelsteinen und Elfenbein. In der *Galleria del Costume* kann man Kostüme und Kleidung von der Renaissance bis heute bewundern. Die Sammlung ist in dem durch den *Giardino di Boboli* (s. S. 54) zugänglichen Palastflügel, der *Palazzina della Meridiana*, untergebracht.

Im Kavaliersgarten züchteten die mediceischen Großherzöge einst Seidenraupen, heute befindet sich hier das *Museo delle Porcellane* mit einer sehenswerten Porzellankollektion aus dem 18. und 19. Jh. *Galleria d'Arte Moderna, Galleria Palatina und Appartamenti Reali: Di–So 8.15–18.50 Uhr | Eintritt 8,50 Euro, bei Sonderausstellungen 13 Euro; Museo degli Argenti, Galleria del Costume, Museo delle Porcellane: tgl. Nov.–Feb. 8.15–16.30, März bis 17.30, April/Mai und Sept./Okt. bis 18.30, Juni–Aug. bis 18.50 Uhr, erster und letzter Mo des Monats geschl. | Eintritt 7 Euro, bei Sonderausstellungen 10 Euro, Ticket gültig für Giardino di Boboli, Museo degli Argenti, Galleria del Costume, Museo delle Porcellane und Giardino Bardini | Museo delle Carrozze nur auf tel. Anfrage 05 52 38 86 11 | Piazza Pitti 1*

Harmonie der Proportionen: Santo Spirito ist eine der schönsten Renaissancekirchen von Florenz

7 SANTA FELICITA

(130 B6) (*F6*)

An der Piazza Santa Felicita gleich hinter dem Ponte Vecchio lag vermutlich die erste christliche Kirche von Florenz. Das 1739 barockisierte Innere der frühchristlichen Basilika birgt zwei Schätze des Manierismus: das Altarbild der *Kreuzabnahme* und das Fresko der *Verkündigung* von Pontormo (1525–28). Wenn man Glück hat, trifft man freitags Cristina Lombardi an. Sie freut sich, Sie ins Kirchenschiff hinaufzuführen, um Ihnen den Andachtsplatz der erzherzoglichen Familie zu zeigen, der vom *Corridoio Vasariano* abgeht. *Mo–Sa 9.30–12 und 15.30–17.30 Uhr | Piazza Santa Felicita 3 | www.santafelicita.it*

8 SANTA MARIA DEL CARMINE/ CAPPELLA BRANCACCI

(137 D3) (*E5–6*)

Die schöne Kirche mit ihrer schmucklosen Rohsteinfassade (in Restaurierung) birgt einen großen Schatz der Renaissancemalerei: die Fresken mit Szenen aus dem Leben Petri in der *Cappella Brancacci*. Als der ursprüngliche Bau der Karmeliterkirche (ab 1268) bei einem Brand 1771 fast vollständig zerstört wurde, blieb diese Kapelle an der rechten Stirnwand des Querschiffs vom Feuer verschont. Man betritt sie heute vom Klosterhof, Eingang rechts neben der Fassade. Der 15-teilige *Freskenzyklus*, begonnen 1423 von Masolino da Panicale und Masaccio, wurde 1483 von Filippino Lippi vollendet. Besonders die Fresken Masaccios (größtenteils an der linken Wand der Kapelle) gelten wegen ihrer genialen Darstellung von Licht und Schatten und der geometrischen Verteilung der Personen als richtungsweisend für die nachfolgende Kunst. Nach einer umfassenden Restaurierung besitzen die Fresken jetzt wieder ihre ursprüngliche Farbkraft. *Kapelle Mo und Mi–Sa 10–17, So 13–17 Uhr nur nach Anmeldung | Tel. 05 52 76 82 24 | Eintritt 6 Euro | Piazza del Carmine 14*

9 SANTO SPIRITO

(130 A5–6) (*E6*)

Die Augustiner von Santo Spirito ließen sich Mitte des 13. Jhs. hier nieder, und schon bald wurde die von ihnen geführte Schule zu einem Zentrum humanistischer Studien. 1438–82 entstand nach Plänen Brunelleschis die Kirche mit ihrer wohlproportionierten, doch völlig schmucklosen Fassade. Das Innere mit seinen 47 Säulen aus grauem Sandstein besticht durch die klare Raumaufteilung – unterbrochen nur von dem barocken Baldachinaltar. Besondere Beachtung verdienen das hölzerne INSIDER TIPP Kruzifix von Michelangelo und ein Altarbild von Filippino Lippi (1488) in der fünften Kapelle des rechten Querschiffs. Im ehemaligen Refektorium – man betritt es links neben der Fassade – malte Andrea Orcagna ein Abendmahlfresko (1360) und eine Kreuzigung. Die vor der Kirche liegende *Piazza Santo Spirito* ist mit ihren Bars und Lokalen stets ein belebter Treffpunkt in Oltrarno. *Mo/Di, Do–Sa 9.30–12.30 und 16–17.30, So 11.30–12.30 und 16–17.30 Uhr | Piazza Santo Spirito 29 | www.basilicasantospirito.it*

AUSSERHALB

CERTOSA SAN LORENZO DI GALLUZZO

(141 D3) (*0*)

1314 errichtet, ist die Anlage des Karthäuserklosters mit Kreuzgängen, Bibliothek, Mönchszellen, unterirdischen Gängen und Kapellen ein architektonisches Kleinod. Einen Besuch lohnen schon allein die manieristischen Fresken Pontormos und die Bilder Andrea del Sartos in der Pinakothek. Gegen eine Spende füh-

Hoch über der Stadt liegt die Kirche San Miniato al Monte

ren Zisterziensermönche Sie zu jeder vollen Stunde durch die Anlage. *Di–Sa 9–11 und 15–16, Sommer bis 17 Uhr, So nur nachmittags | Bus 37*

FORTEZZA DA BASSO

(133 D–E4) (*🕮 E–F3*)

Als die Medici aus der Vertreibung zurückkehrten, beauftragte 1532 Herzog Alessandro de'Medici den Baumeister Antonio Sangallo mit der Errichtung dieser mächtigen, sternförmigen Festungsanlage am Südende der Stadt, um gegen künftige Volksaufstände besser gewappnet zu sein. Hier finden zweimal jährlich die große internationale Modemesse für Herren *Pitti Uomo (zugänglich nur für Wiederverkäufer | www.pittimmagine.com)* sowie zahlreiche weitere Messen, Kongresse und Events statt. *Viale Filippo Strozzi 1 | Bus 1, 2, 4, 6, 8, 11, 12, 13, 14, 17, 20, 23, 28*

PARCO DELLE CASCINE

(132 A–B5) (*🕮 B–C 3–4*)

Der rund 1,6 km^2 große Park liegt auf einer Landzunge zwischen den Flüssen Arno und Mugnone. Hier befindet sich das *Ippodromo del Visarno*, die Pferderennbahn von Florenz, mit Reitwegen, Arenen und Sportstätten. *Piazzale delle Cascine | Bus 17, 28, 29, 30, 35, 60, C2, C3 | Tram 1*

INSIDER TIPP PIAZZALE MICHELANGELO

● (138 B4) (*🕮 H6*)

Das große Aussichtsplateau mit Café, Restaurant, Bar und vielen Parkmöglichkeiten erhebt sich südlich über dem Arno. Der Blick von hier oben ist bei Einheimischen wie Touristen gleichermaßen beliebt. Eine weithin sichtbare Bronzekopie von Michelangelos *David* und den *Vier Tageszeiten* zu dessen Füßen beherrschen den Platz. *Bus 12, 13*

SAN MINIATO AL MONTE ★

(138 B5) (*🕮 H7*)

Weithin sichtbar steht dieses Kleinod romanischer Baukunst auf einem Hügel südlich des Arno. Vom Vorplatz der Kirche haben Sie einen Traumblick auf Florenz. Schon zu Zeiten Karls des Großen stand hier eine Kirche; vermutlich wurde sie über dem Grab des hl. Minias errichtet, der 250 n. Chr. den Märtyrertod starb. Seine Gebeine werden in einem Schrein in der Krypta aufbewahrt.

Die Fassade der heutigen Basilika (1018–1207) ist mit weißem Carrara-Marmor und grünem Serpentin belegt. Auch Fußboden, Chorschranken und Kanzel tragen kostbare Marmoreinlegearbeiten. Die Apsis schmückt ein Mosaik mit dem *Thronenden Christus* von 1297, das jedoch mehrfach restauriert wurde. Am Ende des Mittelschiffs steht ein tonnengewölbtes *Marmortabernakel* von Michelozzo (1448) mit Kassettenrosetten und farbigen Majolikaschindeln von Luca della Robbia. Die Altartafeln (um 1396) stammen aus der Werkstatt Agnolo Gaddis. Im linken Seitenschiff befindet sich die *Cappella del Cardinale del Portogallo*: Das Grabmal wurde von Rossellino gestaltet, die Kapellendecke und die Rundbilder aus farbig glasierter Terrakotta von Luca della Robbia (1461–66).

Die Kirche und der angrenzende *Palazzo dei Vescovi* gehörten bereits 1373–1552, wie auch heute wieder, den Olivetanern, einer Benediktinerkongregation, deren ● Vespergesänge stets um ca. 17.30 Uhr in der Kirche ertönen. *Tgl. Sommer 8–20, Winter 8–13 und 15.30–19 Uhr | Via Monte alle Croci | www.sanminiatoalmonte.it | Bus 12, 13*

SINAGOGA/MUSEO EBRAICO

(138 B2) *(🕮 H4–5)*

Der Bau der Synagoge von Florenz wurde 1882 beendet und ist ein schönes Beispiel neumaurischer Architektur. Das Innere ist vollständig mit Fresken versehen. Auch die Mosaiken, mehrfarbigen Glasfenster und Dekorationen in Bronze und Holz sind bemerkenswert. Im ersten Stock wird im *Museo Ebraico* die Geschichte der Juden in Florenz anhand von Fotos, Gemälden und rituellen Gegenständen veranschaulicht. *Juni–Sept. So–Do 10–18.30, Fr 10–17, Okt.–Mai So–Do 10–17.30, Fr 10–15 Uhr, Sa und an jüdischen Feiertagen geschl. | Eintritt 6,50 Euro | Via Farini 4/6 | www.moked.it/firenzebraica | Bus 6, 14, 19, 23, 31, 32, C1, C2*

MEDICI-VILLEN

Einen Besuch der wunderschönen Medici-Villen im Vorort Sesto Fiorentino/Castello **(141 D–E2)** ***(🕮 O)*** sollten Sie bei einem Florenz-Besuch nicht verpassen. Mit den Buslinien 2 und 28 sind sie bestens vom Hauptbahnhof Santa Maria Novella in ca. 30 Minuten erreichbar.

Die *Villa La Petraia (Haltestelle Sestese 03)* gehört zu den eindrucksvollsten Medici-Residenzen, die ein schöner, von Tribolo gestalteter Park umgibt. Keine 100 m entfernt liegt die Villa *Corsini a Castello (Sa/So 9.30–13 Uhr | Eintritt frei)*, ein charakteristisches Beispiel des Florentiner Spätbarocks mit einer bemerkenswerten Sammlung antiker Skulpturen.

Der nächste Bushalt *(Sestese Leo France)* führt zur *Villa Reale di Castello*, deren mit Brunnen, Statuen und Grotten ausgestatteter und perfekt erhaltener Park im italienischen Stil zu besichtigen ist. *Villa La Petraia und Park Villa Reale di Castello: Okt.–März 8.15–16.30/17.30, April, Mai, Sept. bis 18.30, Juni, Aug. bis 19.30 Uhr, 2. und 3. Mo im Monat geschl. | Eintritt frei*

ESSEN & TRINKEN

Die Italiener geben sich den Freuden der Tafel bedingungslos hin, sie genießen ihr Essen – oft über Stunden hinweg.
Wenn Sie gepflegt speisen wollen, ist der Besuch eines *ristorante* zu empfehlen, wo man abends auch einen Tisch vorbestellen sollte. In der *trattoria*, manchmal auch *osteria* genannt, ist die Atmosphäre locker-gemütlich, man wählt unter den *specialità della casa* (Spezialitäten des Hauses) und trinkt einen *vino della casa* (Hauswein). Allerdings kann sich auch ein absolutes Spitzenrestaurant *trattoria* nennen: Ein Blick auf die Kreditkartenhinweise und den Preisaushang schafft rasch Klarheit. Generell sind Lokale von 12.30 bis 14.30 und von 19.30 bis 22.30 Uhr geöffnet, im August haben viele geschlossen.

Häufig offerieren Trattorien ein *menu a prezzo fisso*, ein Tagesgericht zum Festpreis, an. Selfservicelokale sind vielleicht billiger, doch bieten sie meist Einheitskost. Empfehlenswerter ist da eine der vielen *wine bars* und *enoteche*, die ab mittags teils raffinierte Spezialteller und Menüs bereithalten. Hier ist die Weinauswahl groß, und es geht leger zu.
Die traditionelle Küche der Toskana orientiert sich am Angebot der Saison. Auf Frische und Geschmackstreue wird besonderer Wert gelegt. Schwere Saucen sind ebenso verpönt wie Auswüchse kulinarischer Trends. Fleischspeisen werden meist gebraten, Gemüsebeilagen *(contorni)*, die Sie oft extra bestellen müssen, nur leicht gedünstet und mit einem Schuss Olivenöl verfeinert.

Mehr als Pizza und Pasta – in Florentiner Restaurants legt man Wert auf frische Zutaten und die Tradition der toskanischen Küche

Die Speisenfolge in einem Restaurant sieht im Allgemeinen so aus: *antipasto* (Vorspeise), *primo piatto* (erster Gang), *secondo piatto* (Hauptgang), *contorno* (Beilage), *dolce* (Süßspeise) oder *formaggio* (Käse) und *caffè* (Espresso). Zum Abschluss sollten Sie sich einen *digestivo* oder ein Gläschen *vin santo* gönnen. Fast überall wird pro Person zusätzlich ein Entgelt für *pane e coperto* (Brot und Gedeck) von 1–5 Euro erhoben. Hinzu kommen oft noch 10–16 Prozent Bedienungszuschlag. Üblich ist ein Trinkgeld von zehn Prozent. Lassen Sie sich aber zuerst genau herausgeben, *il resto*, den Rest, dann einfach auf dem Tisch zurücklassen. Achtung: Im Zentrum wird in Bars und Cafés fast immer der Preis verdoppelt, wenn Sie sich setzen, statt Ihren Kaffee am Tresen zu trinken.

CAFÉS

CAFFÈ FLORIAN (130 B4) (*🕮 F5*)
Klein und fein: Das berühmte Café aus Venedig hat hier einen Ableger. *Sept.–*

Auch wenn die Konkurrenz immer größer wird: Das Eis von Vivoli bleibt legendär

Juli Di–So 10–21 Uhr | Via del Parione 28r | www.caffeflorian.com

CAFFÈ PITTI (130 A6) (*🕮 E6*)
Gegenüber dem Palazzo Pitti mit Art-déco-Einrichtung, Sofas und gutem Gebäck. Von 12 bis 17 Uhr gibt's ein dreigängiges Menü für 15 Euro. *Tgl. 11–24 Uhr | Piazza Pitti 9 | www.caffepitti.it*

GILLI (130 C4) (*🕮 F5*)
1733 gegründet und noch immer sehr beliebt, besonders wegen seines vorzüglichen Gebäcks. Elegante Atmosphäre mit historischem Charme. *Mi–Mo 7.30–1 Uhr | Via Roma 1 | www.gilli.it*

GIUBBE ROSSE (130 C4) (*🕮 F5*)
Bar und nostalgisches Kaffeehaus. Um 1900 war hier der tägliche Treffpunkt von Literaten und Malern. Von den Kellnern in roten Westen *(giubbe rosse)* werden auch ganze Menüs serviert. *Tgl. 10–1 Uhr | Piazza della Repubblica 13r | www.giubberosse.it*

RIVOIRE ● (130 C4) (*🕮 F5*)
Teuer (wenn man sich an einen Tisch setzt), aber unschlagbar. Hier muss man einfach eine INSIDER TIPP *cioccolata calda con panna* (heiße Schokolade mit Sahne) getrunken haben; das Rivoire gehört zu Florenz wie der Palazzo Vecchio gegenüber. *Di–So 8–24 Uhr | Piazza della Signoria 5 | www.rivoire.it*

EISDIELEN

GELATERIA CARABÈ (131 D1) (*🕮 G4*)
Leckere Eiskreationen und *granita* nahe San Marco. *Tgl. 9–1.30, im Winter 11–20 Uhr | Via Ricasoli 60 | www.gelateriacarabe.it*

INSIDER TIPP **GROM** (130 C3) (*🕮 F5*)
Das Know-how der Eisherstellung kommt aus Turin, die Zutaten aus der ganzen Welt. Zentral zwischen Dom und Palazzo Vecchio gelegen. *April–Okt. 10.30–24, Nov.–März bis 23 Uhr | Via del Campanile/Via delle Oche | www.grom.it*

VIVOLI ★ ● (131 E4) (*🕮 G5*)
Gelateria mit 40 köstlichen Eissorten, die bis nach Australien verschickt werden! *Di–So bis 24, Nov.–März bis 21 Uhr | Via Isola delle Stinche 7 | www.vivoli.it*

ENOTHEKEN, BARS & SNACKS

ANTICA MACELLERIA FALORNI (131 E4) (*🕮 G5*)
Leckere, frisch zubereitete Brötchen und kleine Köstlichkeiten der berühmten Schlachterei aus Greve in Chianti. Auch zum Mitnehmen! *Mo–Fr 12–15.30 und 19–24 Uhr, Sa/So 12–24 Uhr | Via Matteo Palmieri 35–37r | www.falorni.it*

ARÀ (134 A6) (*🕮 G4*)
Wunderbar für einen authentischen sizilianischen Snack zwischendurch! *Tgl. 10–22 Uhr | Via degli Alfani 127r*

DAL BARONE (133 F6) (*🕮 F4*)
Es ist nicht leicht, im Zentrum eine Kleinigkeit zu essen, ohne dass man in eine Touristenfalle gerät oder relativ viel zahlt. Hier ist es möglich: Es wird mit „Slow Food" geworben, und man wird nie enttäuscht! *Tgl. 11–22 Uhr | Borgo San Lorenzo 30r*

LA BOULANGERIE (130 B3) (*🕮 F4*)
Gute Baguettes, Salate und kleine Gerichte. *Mi–So 8–20, Mo/Di bis 17 Uhr | Via de'Rondinelli 24r | www.ilrifrullo.com*

LA DIVINA ENOTECA (130 C1) (*🕮 F4*)
Im Herzen der Stadt bieten die netten Besitzer Bianca und Livio exzellente Weine an – wer mag, kann auch eine Kleinigkeit essen. *Di–So 10.30–21 Uhr | Via Panicale 19r | Tel. 0 55 29 27 23 | www.ladivinaenoteca.it*

'INO (130 C5) (*🕮 F5*)
In einer winzigen Gasse hinter der Piazza della Signoria können Sie sich ein echtes Delikatessenbrötchen zusammenstellen lassen und dazu guten Wein genießen. *Tgl. 11.30–16.30 Uhr | Via dei Georgofili 3r-7r | www.inofirenze.com*

MARCO POLO HIGHLIGHTS

★ **Vivoli**
Probieren Sie das wahrscheinlich beste Eis der Stadt! Dabei haben Sie die Qual der Wahl, denn über 40 Sorten wollen Ihren Gaumen erobern → S. 65

★ **Cantinetta Antinori**
Hier können Sie nicht nur die berühmten Weine des Hauses kosten, sondern bekommen auch leckere kleine Gerichte serviert → S. 66

★ **Cibrèo Ristorante**
Ein kulinarisches Reich im Marktviertel von Sant'Ambrogio → S. 66

★ **La Giostra**
Vorzügliche Gerichte und ein gut sortierter Weinkeller → S. 67

★ **Omero**
Beliebter Landgasthof mit hervorragender toskanischer Küche und einem tollen Ausblick → S. 67

★ **Obikà Mozzarella Bar**
Lassen Sie sich von der Geschmacksvielfalt des Mozzarellas überraschen → S. 69

★ **Il Santo Bevitore**
Die Küche kombiniert gekonnt Tradition und Moderne → S. 69

★ **Fiaschetteria Trattoria Mario**
Typisch florentinische Gerichte in einem winzigen Lokal → S. 70

INSIDER TIPP PROCACCI
(130 B3) (*F5*)
Wer ein Glas guten Weißwein und ein köstliches Trüffelbrötchen Süßem vorzieht und etwas antiquiertes Ambiente liebt, wird hier ins Schwärmen kommen! *Mo–Sa 10–20 Uhr | Via Tornabuoni 64r | www.procacci1885.it*

VIVANDA (137 D3) (*E5*)
Enothek, die ausschließlich Bioweine anbietet – und das sind immerhin 120 verschiedene. Außerdem kleine Gerichte mit Zutaten aus biologischem Anbau. *Tgl. 10–15 und 18–24 Uhr | Via Santa Monaca 7 | www.vivandafirenze.it*

RESTAURANTS €€€

ALLE MURATE (131 D4) (*G5*)
Giovanna Iorio gilt als eine der besten Köchinnen der Stadt, und die Wandmalereien sind museumswürdig (Erklärung per Audioguide möglich). Eines der Fresken wurde als INSIDER TIPP einzige authentische Abbildung Dantes erkannt! Mittags *menù unico* für nur 16 Euro. *Mi–So | Via del Proconsolo 16r | Tel. 0 55 28 89 50 | www.allemurate.it*

CANTINETTA ANTINORI ★
(130 B3) (*F5*)
Treffpunkt der Florentiner Society im Palazzo Antinori. Angenehme *cantinetta* (Weinschänke), in der Sie nicht nur die berühmten Weine des Hauses, sondern auch vorzügliche Köstlichkeiten probieren können. *Mo–Fr | Piazza Antinori 3r/ Via Tornabuoni | Tel. 0 55 29 22 34 | www.cantinetta-antinori.com*

CIBRÈO RISTORANTE ★
(138 B2) (*H5*)
Fabio Picchi hat für jeden die Möglichkeit geschaffen, toskanische Küche vom Besten – mal ganz ohne Nudeln – kennenzulernen. Er liebt es, persönlich die täglich wechselnden Gerichte vorzustellen. Dazu gehört auch das günstigere *Cibreino* (s. S. 67) nebenan. Nur mit Reservie-

GOURMETTEMPEL

Enoteca Pinchiorri (138 A2) (*G5*)
Eines der besten Restaurants Italiens! Große Küche und gepflegte Weine in traumhaft schönen Räumen. Ab 90 Euro. *Di–Sa nur abends | Via Ghibellina 87 | Tel. 0 55 24 27 77 | www.enotecapinchiorri.com*

Onice (138 C5) (*H6–7*)
Gourmetrestaurant mit Blick auf Florenz. Mit orientalischem Touch verfeinerte regionale Küche. Ab 70 Euro. *Tgl. | Hotel Villa La Vedetta | Viale Michelangelo 78 | Tel. 0 55 68 16 31 | www.villalavedettahotel.com*

Relais le Jardin (138 B1) (*H4*)
Von allen Gourmetführern Italiens hochgelobtes, intimes Restaurant. Im Sommer speist man im zauberhaften Garten. Ab 70 Euro. *Mo–Sa | Hotel Regency | Piazza d'Azeglio 3 | Tel. 0 55 24 52 47 | www.regency-hotel.com*

Ristorante Villa San Michele
(141 E2) (*0*)
Von der Loggia des Luxushotels wird mit Traumblick auf Florenz jedes Menü zum Erlebnis. Ab 90 Euro. *Mitte März–Mitte Nov. tgl. | Via Doccia 4 | Fiesole | Tel. 0 55 5 67 82 00 | www.villasanmichele.com*

rung. *Di–So | Via Andrea del Verrochio 8r | Tel. 05 52 34 11 00 | www.cibreo.com*

LA GIOSTRA ★ (131 E3) (*G5*)
Sehr gute Küche und ausgezeichnete Weine. Besitzer und Koch Erzherzog Soldano bewirtet jeden Abend persönlich seine Gäste! *Mo–Fr und Sa abends | Borgo Pinti 10r | Tel. 0 55 24 13 41 | www.ristorantelagiostra.com*

OMERO ★ ● (141 E3) (*F8*)
Gute toskanische Küche. Sie betreten den Speiseraum (grandioser Blick) durch die *bottega*, wo Schinken und Salami von der Decke hängen und Sie sich auch einfach ein Schinkenbrot machen lassen können. Gegenüber lebte Galileo Galilei. *Tgl. | Via Pian dei Giullari 11r | Tel. 0 55 22 00 53 | www.ristoranteomero.it*

TAVERNA DEL BRONZINO (134 A5) (*G3*)
Elegantes Restaurant mit feiner toskanischer Küche und besonders gut sortiertem Weinkeller *(vorbestellen)*. *Mo–Sa | Via delle Ruote 27r | Tel. 0 55 49 52 20*

RESTAURANTS €€

4 LEONI (130 B6) (*F6*)
Typische Trattoria, wo die hausgemachte Pasta und die *bistecca alla fiorentina* besonders gut sind! *Mi mittags geschl. | Via dè Vellutini 1/Via Toscanella | Tel. 0 55 21 85 62 | www.4leoni.com*

LA BOTTEGA DI ROSA (130 B3) (*F5*)
Hier essen Sie mit Geschäftsleuten und Florentiner Familien. *Tgl. | Via del Campidoglio 8/14r | Tel. 05 52 67 04 23 | www.labottegadirosa.it*

CAVOLO NERO (137 D3) (*E6*)
Eines der jungen Lokale in einer schmalen Gasse südlich des Arno mit Garten.

Exquisit speisen unter historischen Fresken: Alle Murate

Vorzugsweise Fischgerichte. *Mo–Sa, nur abends | Via dell'Ardiglione 22 | Tel. 0 55 29 47 44 | www.cavolonero.it*

CIBREINO (138 B2) (*H5*)
Ein Ableger des edlen *Cibrèo* (s. S. 66). Die Gerichte sind etwas einfacher, serviert wird an Holztischen. Keine Reservierung. *Sept.–Juli Di–So 12.50–14.30 und 19–23.30 Uhr | Via dei Macci 122r | www.edizioniteatrodelsalecibreofirenze.it*

INSIDER TIPP COCO LEZZONE (130 B4) (*E5*)
Seit Jahren ein In-Lokal. Die Florentiner Gesellschaft drängelt sich in den engen Räumen. Vorzügliche Küche. *So und Di*

SPEZIALITÄTEN

arista alla fiorentina – Schnitzel mit Rosmarin und Knoblauch
baccalà alla fiorentina – Stockfisch in Tomatensauce mit Basilikum
biscotti di Prato (cantucci) – Mandelkekse, die man in *vin santo,* einen süßen Dessertwein, taucht (Foto re.)
bistecca alla fiorentina – ein 3,5 cm dickes T-Bone-Steak (Foto li.)
carciofi fritti – geviertelte, ausgebackene Artischocken
cinghiale (coniglio) in umido – Wildschwein (Kaninchen) in Tomatensauce
crostini toscani – geröstetes Brot mit einer Farce aus Hühnerleber, Kapern und frischen Kräutern
fettunta – geröstetes Brot, im Sommer mit Tomaten und Basilikum, im Winter mit Knoblauch und neuem Olivenöl
lesso (bollito misto) con salsa verde – verschiedene gekochte Fleischsorten (Rind, Zunge, Huhn) mit grüner Kräutersauce
panzanella – Sommersalat mit toskanischem Weißbrot und Tomaten
pappa al pomodoro – lauwarme Tomatenbrotsuppe
pollo al mattone – flach gedrücktes Hähnchen, auf Holzfeuer gebraten
ribollita – wieder aufgekochte Gemüsesuppe mit weißen Bohnen und Brot
tagliata – vom Knochen gelöstes, in Streifen geschnittenes Steak
tagliatelle alla lepre (al cinghiale) – Bandnudeln mit Hasen-(Wildschwein-)Ragout
trippa alla fiorentina – Kalbskutteln mit Tomatensauce

abends geschl. | Via del Parioncino 26r | Tel. 0 55 28 71 78

IL GUSCIO (136 C3) (*D5*)
Typische Trattoria mit guter Küche und einer großen Weinkarte. *Di–Sa nur abends | Via dell'Orto 49a | Tel. 0 55 22 44 21 | www.il-guscio.it*

LUNGARNO 23 (131 D6) (*G6*)
Alles vom Chianina-Rind: Carpaccio, Roastbeef, Tatar und exquisite Hamburger. *Mo–Sa | Lungarno Torrigiani 23 | Tel. 0 55 23 45 9 57 | www.lungarno23.it*

INSIDER TIPP **DA MIMMO**
(133 F5) (*G3*)
Mimmo hat sich verpflichtet, für seine vorzüglichen Gerichte nur frische Zutaten zu verwenden – noch ein Grund mehr, in diesem schönen Theater aus dem 17. Jh. zu essen! *Sa mittags und So geschl. | Via San Gallo 57–59r | Tel. 0 55 48 10 30 | www.ristorantedamimmo.it*

OBIKÀ MOZZARELLA BAR ★

(130 B3) (*🕮 F5*)

Seit 2009 isst man den besten Mozzarella der Stadt im vornehmen Palazzo Tornabuoni. Wer die süditalienische Käsekultur besser kennenlernen möchte, kann hier auch an einer Degustation teilnehmen. *Tgl. 8–23 Uhr | Via dei Tornabuoni 16 | Tel. 05 52 77 35 01 | www.obika.it*

OSTARIA DEI CENTOPOVERI

(130 A3) (*🕮 E4*)

Machen Sie sich ein Bild von den Kochkünsten des Chefkochs Nicola Ferrara – und probieren Sie auch eine Nachspeise: Sie werden noch lange daran denken! *Mi–Mo | Via Palazzuolo 31 | Tel. 0 55 21 88 46 | www.centopoveri.it*

OSTERIA DE' BENCI (131 E5) (*🕮 G5*)

Florentiner Küche in freundlicher Atmosphäre nahe der Piazza Santa Croce. *Mo–Sa | Via de' Benci 13r | Tel. 05 52 34 49 23 | www.osteriadeibenci.it*

INSIDER TIPP OSTERIA DEI PAZZI

(131 E4) (*🕮 G5*)

Lassen Sie sich von Paolo mit Florentiner Köstlichkeiten verwöhnen, und probieren Sie hier die typische *bistecca alla fiorentina! Di–So | Via dei Lavatoi 3 | Tel. 05 52 34 48 80*

IL SANTO BEVITORE ★

(137 D3) (*🕮 E5*)

Köstlich sind die Vorspeisen wie verschiedene Schinkensorten und eingelegtes oder gegrilltes Gemüse. Spezialitätentipp für danach: *tartara* aus Chianina-Rind oder ein guter Fisch. Ausgezeichnetes Preis-Leistungs-Verhältnis. *Tgl. außer So mittags | Via Santo Spirito 66r | Tel. 0 55 21 12 64 | www.ilsantobevitore.com*

SOSTANZA DETTO „IL TROIA"

(130 A3) (*🕮 E5*)

In dem Gasthaus von 1869 genoss bereits Chagall die toskanische Küche. *Mo–Fr, April/Mai, Sept./Okt. auch Sa | Via del Porcellana 25r | Tel. 0 55 21 26 91*

Bei Il Guscio genießen Sie die typische *cucina fiorentina* in authentischem Ambiente

Traditionsreiches Ambiente und gute regionale Küche: Sostanza detto „Il Troia"

TRATTORIA DEL CARMINE
(137 D3) (*🗺 E5*)
Toskanische Küche, korrekte Preise, nette Bedienung. *Mo–Sa, im Winter tgl. | Piazza del Carmine 18r | Tel. 0 55 21 86 01*

TRATTORIA DELL'ORTO
(136 C3) (*🗺 D5*)
Helle Farben, netter Service, toskanische Küche. Im Sommer auch draußen. *Mi–Mo | Via dell'Orto 35a | Tel. 0 55 22 41 48 | www.trattoriadellorto.com*

RESTAURANTS €

DOLCE VEGAN (134 A4) (*🗺 G3*)
In diesem winzigen Biobistro werden die feinsten veganen Gerichte zubereitet. Besonders köstlich: die Desserts! *Tgl. 12–15 und 19–24 Uhr | Via San Gallo 92r | Tel. 05 50 19 54 37 | www.dolcevegan.it*

FIASCHETTERIA NUVOLI
(130 C3) (*🗺 F4*)
Lassen Sie sich nicht von dem winzigen Kellerloch abschrecken. Ideal, um vorzugsweise mittags mit Florentinern eine Kleinigkeit zu essen. *Mo–Sa 8–21 Uhr | Piazza dell'Olio 15 | Tel. 05 52 39 66 16*

FIASCHETTERIA TRATTORIA MARIO ★
(130 A4) (*🗺 F4*)
Winzige, typische Trattoria beim Mercato Centrale, immer rappelvoll. Kleine Auswahl florentinischer Gerichte. *Mo–Sa nur mittags | Via Rosina 2r | Tel. 0 55 21 85 50 | www.trattoriamario.com*

GOZZI SERGIO (130 C2) (*🗺 F4*)
Unverfälschte Trattoria an der Piazza San Lorenzo, in der seit Jahrzehnten dieselben einfachen Gerichte aufgetischt werden – zu beinahe gleichbleibenden Preisen. *Mo–Sa nur mittags | Piazza San Lorenzo 8 | Tel. 0 55 28 19 41*

HOSTERIA DA GANINO
(131 D4) (*🗺 F5*)
Eine Trattoria wie zu alten Zeiten: eine traditionsbewusste Küche, unkomplizierter Service und urig gemütlich! *Mo–Sa | Piazza dei Cimatori 4r | Tel. 0 55 21 41 25*

MERCATO CENTRALE

(130 B–C1) *(🗺 F4)*

Im Obergeschoss der alten Markthalle wurde 2014 eine schön gestaltete Foodmeile eröffnet. Hier trifft man sich gern mit Freunden für ein stets frisch zubereitetes Gericht. *Tgl. 10–24 Uhr | Piazza del Mercato Centrale | Via dell'Ariento 10–14 | www.mercatocentrale.it*

MOYÉ (130 B4) *(🗺 F5)*

Ob zum Frühstück, Light Lunch, Aperitif oder sogar Abendessen, hier können Sie zu jeder Tageszeit die traditionelle Küche Apuliens probieren! *Mo–Do 8–23, Fr–So 8–24 Uhr | Via del Parione 16 | Tel. 0 55 28 56 35 | www.moye.it*

INSIDER TIPP NERBONE

(130 B–C1) *(🗺 F4)*

Die Florentiner drängen sich zur Mittagszeit um diesen Stand im Mercato Centrale. Typische Gerichte zu moderaten Preisen. Besonders beliebt: *lampredotto* (Kutteln). *Mo–Sa 7–14 Uhr | Mercato Centrale | Via dell'Ariento*

OSTERIA-PIZZERIA BALDOVINO

(138 B3) *(🗺 G5)*

Eine günstige Adresse nahe Santa Croce mit Sitzplätzen drinnen und draußen. *Tgl. | Via San Giuseppe 22r | Tel. 0 55 24 17 73*

OSTERIA SAN NICCOLÒ

(138 A4) *(🗺 G6)*

Bis 24 Uhr gute Florentiner Küche zu zivilen Preisen. *Mo–Sa | Via San Niccolò 60 | Tel. 05 52 34 28 36 | www.osteriasanniccolo.it*

ROSE'S (130 B4) *(🗺 F5)*

Trendy. Ein kleines Lokal mit gutem Light Lunch nahe der Via Tornabuoni. *Mo–Sa 12–1.30 Uhr | Tel. 0 55 28 70 90 | Via del Parione 26r | www.roses.it*

TRATTORIA LA CASALINGA

(137 E3) *(🗺 E6)*

Immer voll, immer gut, immer mitten im Leben. Sehr einfache Trattoria mit toskanischen Gerichten. Reservieren! *Mo–Sa | Via dei Michelozzi 9r | Tel. 0 55 21 86 24 | www.trattorialacasalinga.it*

TRATTORIA SANT'AGOSTINO

(137 D3) *(🗺 E6)*

Beliebte Oltrarno-Trattoria. Ein ganzes Mittagsmenü mit Nachtisch gibt es hier noch für 13 Euro. *Di–So | Via Sant'Agostino 23r | Tel. 0 55 21 02 08 | www.santagostinofirenze.com*

IL VEGETARIANO (133 F5) *(🗺 G3)*

Vegetarische (Bio-)Trattoria, klein, nett, gut und preiswert. *Di–So, Sa/So nur mittags | Via delle Ruote 30r | Tel. 0 55 47 50 30 | www.il-vegetariano.it*

LOW BUDG€T

Auch leckere Brötchen *(panini)* stillen den kleinen Hunger, z. B. in der *Pizzicheria Guadagni* **(131 E4)** ***(🗺 G5)*** *(Mo–Sa 8–20 Uhr | Via Isola delle Stinche 4)* oder in der *Osteria de l'Ortolano* **(131 D1)** ***(🗺 G4)*** *(Mo–Fr 10–20, Sa bis 14 Uhr | Via degli Alfani 91r)*. Berühmt sind ebenso die *panini* von *I Fratellini* **(130 C4)** ***(🗺 F5)*** *(Mo–Sa | Via dei Cimatori 38r)* zwischen Dom und Piazza della Signoria.

Eine kulinarische Spezialität von Florenz sind Innereien: Versuchen Sie die typische *trippa* an den günstigen Ständen auf der *Piazza dei Cimatori* **(131 D4)** ***(🗺 E5)*** oder neben der *Loggia del Mercato Nuovo* **(130 C4)** ***(🗺 F5)*** in der Via Calimaruzza.

EINKAUFEN

> **CITY WOHIN ZUERST?**
> **Piazza della Repubblica (130 C3–4)** ***(🕮 F5)*****:** Die Schnittstelle für Shopper: Wenn Sie sehen wollen, was die Haute Couture zu bieten hat, flanieren Sie durch das Luxus-Shoppingdreieck Via della Vigna Vecchia/ViaTornabuoni/Via Strozzi: von Armani, Bulgari, Cavalli ... bis Zegna: Hier wird das ABC der Mode durchbuchstabiert! Passt das nicht zu Ihrem Budget, schlendern Sie durch die vielen kleinen Nebengassen. Hier gibt es für jeden Geldbeutel etwas. Elektrobus C1 und C2, Bus 6 und 11; Parkmöglichkeit: Stazione Santa Maria Novella.

Ein Shoppingbummel in Florenz ist ein ästhetisches Vergnügen – möglicherweise aber auch ein sehr teures.

Mode ist auf jeden Fall der heiße Einkaufstipp, besonders zu den Ausverkäufen *(saldi)* im Januar/Februar und im Juli/August. Beachten Sie dabei: Die italienischen Kleidergrößen unterscheiden sich von den deutschen um etwa zwei Nummern (ital. Gr. 42 = dt. Gr. 38). Lieben Sie Gold und Silber, Edelsteine und Bestecke? In der Gegend um den Ponte Vecchio finden Sie außer echtem auch phantasievollen Modeschmuck. Wenn Sie den Arno überqueren, betreten Sie Oltrarno. Den Auftakt macht hier der *Borgo San Jacopo* mit seinen extravaganten Boutiquen, während sich zwischen Via Maggio, Via Santo Spirito und

Bild: Via dei Calzaiuoli

Von exquisiten Geschäften bis zu rustikalen Märkten – Florenz bietet für jeden Geldbeutel und Geschmack etwas Einzigartiges!

Borgo San Frediano das Reich der Antiquitätenhändler erstreckt.

Die regulären Öffnungszeiten sind *Mo–Sa 9–13 und 15.30–19.30 Uhr*. Die Läden der Innenstadt haben meist durchgehend geöffnet, manche auch sonntags. Lebensmittelläden sind mittwochnachmittags, alle anderen montagvormittags geschlossen. Im Juli/August sind viele Läden – bis auf Modegeschäfte und Kaufhäuser – samstagnachmittags zu. Mitte August bleiben einige Geschäfte für zwei Wochen ganz geschlossen.

ANTIQUITÄTEN

Im Viertel Santa Maria Novella reihen sich längs der Via de'Fossi und des Borgo Ognissanti die Antiquitätengeschäfte, genau wie auf der anderen Flussseite rund um die Via Maggio.

ATELIER MELISSA GENTILE

(130 A3) (*🕮 E5*)

Mehrere Geschäfte rund um den schönen Innenhof des Palazzo Fossombroni. *Sa geschl. | Via dei Fossi 7b/r*

Die Officina Profumo-Farmaceutica gehört zu den ältesten Apotheken der Welt

CASA WOLF (137 D1) *(🗺 E5)*
Jahrelang hat der Chirurg Renato Einrichtungsgegenstände gesammelt – heute kann man die Antiquitäten kaufen. *Borgo San Frediano 151r | www.casawolf.it*

BUCHHANDLUNGEN

LA FELTRINELLI RED (130 C3) *(🗺 F5)*
Große Auswahl an deutscher, französischer und englischer Literatur, hier gut kombinierbar mit einem Kaffee oder einem einfachen Mittagessen. *Piazza della Repubblica 26 | www.lafeltrinelli.it*

GOZZINI (131 D1) *(🗺 F4)*
Ein kleines, gepflegtes Antiquariat mit Raritäten und viel Atmosphäre. *Via Ricasoli 49 | www.gozzini.com*

DELIKATESSEN

BOTTEGA DELL'OLIO (130 B5) *(🗺 F5)*
Die besten Olivenöle und alles, was sich aus Oliven herstellen lässt. *Piazza del Limbo 2/Borgo SS. Apostoli | www.labottegadelloliofirenze.it*

EATALY (130 C2) *(🗺 F4)*
Aus jeder Region des Stiefels die besten Gaumenfreuden: Sie können sie mitnehmen oder vor Ort essen. *Via Martelli 22r | www.firenze.eataly.it*

OLIO & CONVIVIUM (130 A5) *(🗺 E5)*
Die alten Regale sind voll mit köstlichen Spezialitäten, die Sie mit nach Hause nehmen können: Olivenöl, Honig, Pastasaucen, Wein und vieles mehr. Oder wollen Sie nur einen schnellen Lunch einnehmen? Alles möglich in diesem schönen Palazzo in Oltrarno. *Via Santo Spirito 20 | www.oliorestaurant.it*

PEGNA (131 D3) *(🗺 F5)*
Seit 1860 existiert das Delikatessengeschäft nahe dem Dom. Mittlerweile ist es ein Supermarkt für kulinarische Köstlichkeiten. *Via dello Studio 8 | www.pegna.it*

INSIDER TIPP **PERINI** (130 B1) *(🕮 F4)*
Ein Schlaraffenland in der Markthalle mit Lebensmitteln bester Qualität. Lassen Sie sich hier ein leckeres *panino* nach eigenem Geschmack belegen. *Mercato Centrale | Via dell'Ariento | perinigastronomia.it*

VESTRI (131 E4) *(🕮 G5)*
Feinste Schokolade in verschiedensten Formen und Geschmäckern, auch Eis. *Borgo degli Albizi 11r | www.vestri.it*

FLORENTINISCHES & KURIOSES

CARLO SAITTA (138 B2) *(🕮 H5)*
Handgeschöpftes und kunstvoll bedrucktes Papier, bei dessen Herstellung Sie zusehen können. *Via dell'Agnolo 28r*

LA CORALLINA (141 E3) *(🕮 K6)*
Einrichtungsgegenstände aller Art – alles mit viel Geschmack handgemacht! *Lungarno Ferrucci 21 | www.lacorallina-firenze.it*

MARIO LUCA GIUSTI (130 A4) *(🕮 E5)*
Exklusives und elegantes Geschirr des Florentiner Designers, zeitgemäß aus reinem Kunststoff – in vielen Farben und Formen. *Via della Vigna Nuova 88r | www.mariolucagiusti.com*

LEGATORIA LA CARTA (137 D4) *(🕮 E6)*
Seit 1967 arbeitet Omero Benvenuti als Buchbinder. Seine handgebundenen Terminkalender oder Fotoalben sind kleine Kunstwerke. *Via Romana 58r | www.legatoria-lacarta.com*

INSIDER TIPP **OFFICINA PROFUMO-FARMACEUTICA DI SANTA MARIA NOVELLA** (130 A2) *(🕮 E4)*
Schon beim Eintreten betören Sie Kräuterdüfte der Toskana. 1221 wurde die ehemalige Klosterapotheke von Dominikanern gegründet; heute erhalten Sie in den ehrwürdigen Räumen Parfums, Seifen und Potpourris – alles aus natürlichen Kräutern und Lipiden. Mit kleinem Museum. *Via della Scala 16 | www.smnovella.com*

PAOLO CARANDINI (131 F4) *(🕮 G5)*
Überall Schachteln, Notizbücher und vieles mehr, ob aus Leder oder Pergament, ob modernes Design oder Kunsthandwerk. *Borgo Allegri 17 | www.paolocarandini.com*

MARCO POLO HIGHLIGHTS

★ **Le Pietre nell'Arte**
Intarsien wie aus dem 16. Jh. → S. 76

★ **Sbigoli Terrecotte**
Alles aus Keramik → S. 76

★ **Nencioni**
Über 2 Mio. Stiche vorrätig → S. 76

★ **Il Bisonte**
Großes und Kleines aus feinstem Leder → S. 77

★ **Mercato Centrale**
Das Eldorado für kulinarische Genießer → S. 78

★ **Mercato San Lorenzo**
Kleidung und mehr → S. 78

★ **Antico Setificio Fiorentino**
Handgewebte Seide nach historischen Mustern → S. 81

★ **Loretta Caponi**
Noble Wäsche – auch für die Kleinen → S. 81

LE PIETRE NELL'ARTE ★
(131 D3) *(🗺 G4)*
Seit dem 16. Jh. wird hier die Florentiner Intarsienkunst mit Halbedelsteinen von Vater zu Sohn überliefert. So entstehen wahre Kunstwerke – sei es eine kleine Brosche oder Schmuckdose oder große Tischplatten! *Via Ricasoli 59r | www.scarpellimosaici.it*

SBIGOLI TERRECOTTE ★
(131 E3) *(🗺 G5)*
Vom bemalten Eierbecher über den hübsch glasierten Wasserkrug bis hin zu den großen, handgearbeiteten Terrakottavasen aus Impruneta ist hier alles erhältlich. *Via Sant'Egidio 4r | www.sbigoliterrecotte.it*

GLAS, PORZELLAN & SILBER

ARMANDO POGGI (130 C3) *(🗺 F5)*
Armando Poggi gehört zu den alteingesessenen Firmen, die Zubehör für eine schöne Tafel bieten. *Via dei Calzaiuoli 103r/116r | www.apoggi.com*

BRANDIMARTE (136 C2) *(🗺 D5)*
Platten, Leuchter oder Becher aus handgearbeitetem Silber. *Viale Ariosto 11c/r | www.brandimarte.com*

INSIDER TIPP **MOLERIA LOCCHI**
(136 C2) *(🗺 D5)*
Eine einzigartige Glasschleiferei mit einer 200-jährigen Tradition, die jedes Stück nicht nur restaurieren, sondern auch perfekt nachbilden kann. *Via Burchiello 10 | www.locchi.com*

RICHARD GINORI (130 B3) *(🗺 F4)*
Seit 1735 der König des italienischen Porzellans. Guter, preisgünstiger Lagerverkauf in Sesto Fiorentino (133 D2) *(🗺 D5) (Viale Giulio Cesare 19). Via dei Rondinelli 17r | www.richardginori1735.com*

KAUFHÄUSER

COIN (130 C4) *(🗺 F5)*
Gehobenes Kaufhaus mit Shop-in-Shop-System. Gute Strumpfabteilung und, in Italien selten, Übergrößen. *Tgl. 10–20 Uhr | Via dei Calzaiuoli 56 | www.coin.it*

LA RINASCENTE (130 C3–4) *(🗺 F5)*
Wenn Sie bis zur bestens bestückten Haushaltsabteilung im vierten Stock fahren und dann rechts eine kleine Treppe erklimmen, können Sie vom Café der ● INSIDER TIPP Dachterrasse einen wunderbaren Blick auf die Stadt genießen. Besonders gut sortiert ist auch die Parfümerieabteilung. *Mo–Sa 10–21, So 10.30–20 Uhr | Piazza della Repubblica | www.larinascente.it*

KUNST & GALERIEN

GALLERIE IL MAGNIFICO
(131 D4) *(🗺 G5)*
Eine gute Auswahl italienischer Malerei vorwiegend des 19. Jhs. *Via dell'Acqua 6*

NENCIONI ★ (131 D4) *(🗺 F5)*
Über 2 Mio. Kupferstiche verschiedener Epochen und Motive – ob Landkarten, Veduten, Pflanzen oder Tiere. Auf Wunsch gibt es für jedes Bild auch den dazu passenden Rahmen. *Via della Condotta 25*

IL TAMARINO (130 A3) *(🗺 E5)*
Originalradierungen in limitierter Auflage, auch auf Bestellung nach Ihrem Lieblingsmotiv. *Via del Moro 46r | www.iltamarino.com*

TORNABUONI ARTE (138 C4) *(🗺 H6)*
Der neue, architektonisch nennenswerte Sitz der renommierten Kunstgalerie gleicht beinahe einem kleinen Muse-

um. Auf über 500 m², verteilt auf zwei Etagen, werden regelmäßig persönliche Ausstellungen überwiegend italienischer Künstler des 20. Jhs. organisiert. Der perfekte Ort für Sammler und Liebhaber moderner und zeitgenössischer Kunst. *Lungarno Benvenuto Cellini 3 | www.tornabuoniarte.it*

ZECCHI (131 D3) *(F5)*
Farben für Künstler und Restauratoren. Ein Laden, in dem Sie genau die Materialien finden, die bereits die Renaissancekünstler verwendet haben. *Via dello Studio 19r | www.zecchi.it*

LEDERWAREN

IL BISONTE ★ (130 A4) *(E5)*
Brauchen Sie einen neuen Koffer, eine Handtasche oder vielleicht nur ein schönes Portemonnaie? Elegantes Reisegepäck vornehmlich aus naturgegerbtem Rind- und Büffelleder. *Via del Parione 31r | www.ilbisonte.net*

BRUSCOLI (132 C6) *(D4)*
Seit fünf Generationen verarbeitet die Familie Bruscoli feinstes Leder, bindet damit Bücher ein und kreiert stilvolle Kleinlederwarenaccessoires. *Via Montebello 58r | www.bruscoli.it*

MARTELLI (131 C5) *(F5)*
Handgefertigte Handschuhe in verschiedenen Modellen und Farben. *Via Por Santa Maria 18r | www.martelligloves.it*

PELLETTERIA ARTIGIANA DI VIVIANI
(133 E5) *(F4)*
Seit drei Generationen fertigt die Familie Viviani Lederwaren an. Jedes Stück ist handgemacht. Sie können hier Viviana und ihrem Sohn Leonardo in der Werkstatt bei der Arbeit zusehen. *Via Guelfa 3b | www.pelletteriaartigiana.com*

ROMANO PAMPALONI
(131 E4) *(G5)*
Hier finden Sie noch echte toskanische Keramik, können Ihr Sammelstück kaufen und sogar dem Meister Pampaloni und seinen Kollegen bei der Arbeit über die Schulter schauen! *Via San Pier Maggiore 11r | www.ceramicafiorentina.it*

INSIDER TIPP **SCUOLA DEL CUOIO**
(131 F5) *(G5)*
Die weltberühmte Lederschule in den Klosterräumen von Santa Croce fertigt Taschen, Schmuckschatullen oder Portemonnaies, die Sie gleich mit Ihren Initia-

Feinstes Leder, innovatives Design: Scuola del Cuoio

Frische ist im Mercato Centrale oberstes Gebot, ob bei den Blumen oder in der neuen Foodmeile

len oder Namen in Goldprägung versehen lassen können. *Piazza di Santa Croce 16 | www.scuoladelcuoio.com*

MÄRKTE

Der große Wochenmarkt mit Obst, Gemüse und vielen Dingen für den alltäglichen Gebrauch findet dienstagvormittags im *Parco delle Cascine* (132 B5) (*🕮 B–C 3–4*) statt, ein kleiner Flohmarkt täglich auf der *Piazza dei Ciompi* (138 B2) (*🕮 H5*).

MERCATO CENTRALE ★

(130 B–C1) (*🕮 F4*)

Die große, 1784 errichtete Markthalle ist ein Eldorado für kulinarische Genießer. Die Auslagen der Stände seien „der herrlichste Anblick, den nur ein Mensch finden kann", schrieb schon Heinrich Heine 1828. *Mo–Sa 7–15, im Winter Sa bis 17 Uhr | Via dell'Ariento 10–14 | Piazza del Mercato Centrale*

MERCATO DEL PORCELLINO

(130 C4) (*🕮 F5*)

Lederwaren, Krawatten, Tücher und Souvenirs in der *Loggia del Mercato Nuovo* direkt beim bronzenen *porcellino,* dessen Schnauze vom vielen Streicheln schon ganz blank ist. *Di–Sa 8–19 Uhr | Via Por Santa Maria*

MERCATO SAN LORENZO ★ ●

(130 B–C 1–2) (*🕮 F4*)

Mode, aber auch Geschenkartikel, Keramik und Wollwaren auf einem großen und sehr touristischen Markt entlang der Kirche San Lorenzo und der anschließenden Via dell'Ariento. Für die Suche nach einem schönen Mitbringsel lohnt ein Bummel aber allemal. *Di–Sa 8–19 Uhr | Piazza San Lorenzo*

INSIDER TIPP MERCATO DI SANT'AMBROGIO (138 B2) (*🕮 H5*)
Hier ist das Marktleben von Florenz am authentischsten: Kaum ein Tourist ist zu sehen, ihre Florentiner Kunden kennen die Händler beim Namen, man tauscht Rezepte aus und kommt am nächsten Tag wieder. *Mo–Sa 7–14, Mi/Do bis 19.30 Uhr | Piazza Ghiberti*

NATURASÌ
Die Bio-Supermarktkette der Stadt, leider auch die einzige. *Mo 10–20, Di–Do und Sa 9–19,30, Fr 9–20 Uhr | Viale Corsica 19/23* (132 C2) (*🕮 D1*); *Via Masaccio 88/90* (134 C5) (*🕮 J4*); *Via Kassel 30/54* (141 E3) (*🕮 N7*)

MARMOR

RAFFAELLO ROMANELLI
(136 C2) (*🕮 D5*)
Wollen Sie Michelangelos *David* für den heimischen Garten? Die Marmorreproduktion in Originalgröße gibt es für 140 000 Euro. Aber auch Erschwinglicheres (ab 4 Euro) in Marmor und Stein ist hier zu haben. *Borgo San Frediano 70 | www.raffaelloromanelli.com*

MODE

ALTA ROSA (133 F5) (*🕮 G3*)
Stilvolle Damenmode aus Stoffen, bei deren Produktion auf ökologische Kriterien Wert gelegt wurde. *Via San Gallo 84r | www.altarosa.it*

ANDREA PALOMBINI (131 E4) (*🕮 G5*)
Hier finden Sie maßgeschneiderte Damen- und Herrenhemden aus feinsten Stoffen. Wenn die Ware nicht gleich sitzt, wird sie Ihnen innerhalb von zwei Wochen nachgeschickt. *Via del Corso 12r | www.andreapalombini.com*

EMILIO PUCCI (130 B4) (*🕮 F5*)
Florenz ist Sitz des Stammhauses der Modedynastie Pucci. Die exzentrischen Stoffe des Florentiner Designers sind unverwechselbar. Werfen Sie zumindest einen Blick drauf! *Via dei Tornabuoni 20/22r | www.emiliopucci.it*

LOW BUDG€T

Die Flohmärkte auf der *Piazza Santo Spirito* **(130 A5–6) (*🕮 E6*)** an jedem zweiten oder um die große Fontäne der *Fortezza da Basso* **(133 D–E4) (*🕮 E–F3*)** an jedem dritten Sonntag des Monats sind Fundgruben für Schnäppchen.

Beliebt sind die Outlets in der Umgebung: *The Mall* **(141 F4) (*🕮 O*)** *(tgl. 10–19 Uhr | Via Europa 8 | Leccio/Reggello | zweimal tgl. organisierte Busfahrten für 25 Euro/Pers. | Infos: Tel. 05 58 65 77 75 | www.themall.it)* führt vor allem Marken wie *Gucci, Zegna, Tod's, Armani, Ferragamo, Fendi, Valentino*. Das ca. 30 km nördlich gelegene *Barberino Designer Outlet Village (Mo–Fr 10–20, Sa/So bis 21 Uhr | Barberino di Mugello | Scopicci | Shuttleservice vom Hauptbahnhof (vor dem Schuhgeschäft Bata) tgl. 10 und 14.30 Uhr (ca. 40 Min.), Rückfahrt ab Outlet tgl. 13.30 und 18 Uhr | Hin- und Rückfahrt 15 Euro | Infos: Tel. 05 584 261 | www.mcarthurglen.com)* ist konzipiert wie ein Dorf mit über 90 internationalen Markenshops.

ERMENEGILDO ZEGNA
(130 B4) (*🕮 F5*)
Edler Herrenausstatter mit Kleidung und Accessoires für den modebewussten Mann. *Via dei Tornabuoni 3 | www.zegna.com*

FLÒ (130 A3) (*🕮 E5*)
Vintage-Mode und -Accessoires sowie Kreationen junger Designer, die Wert auf Nachhaltigkeit legen. *Lungarno Corsini 30–34 | www.flo-firenze.org*

LUISA VIA ROMA (130 C3) (*🕮 F5*)
Der Modetempel: exklusive Boutique auf zwei Etagen mit den neuesten Modellen – nicht nur italienischer Designer. *Via Roma 19–21r | www.luisaviaroma.com*

PITTI VINTAGE (130 A6) (*🕮 E6*)
Klamotten der 1970/80er-Jahre auch von italienischen Designern wie Versace, Fendi, Gucci oder Ferragamo. *Sdrucciolo de' Pitti 19 | www.pittivintage.com*

SCHMUCK & UHREN

APROSIO & CO. (130 A3) (*🕮 E5*)
Phantasievolle und edle Bijous aus venezianischen Glasperlen und Kristallen in Form von Blumen, Tieren, Korallen, Früchten ... *Via della Spada 38r | www.aprosio.it*

ENRICO VERITÀ (130 C3–4) (*🕮 F5*)
In Italien gibt es nur noch acht traditionelle Uhrmacher. Bei diesem hat man das Gefühl, eine Reise in die Vergangenheit zu machen. Auch Reparaturen. *Via de' Calzaiuoli 122r*

EVEN BIJOUX (131 D4) (*🕮 F5*)
Handgearbeiteter Schmuck nach historischen und modernen Vorlagen. *Via Dante Alighieri 8r | www.evenbijouxbh.com*

SCHUHE

MONTI CALZATURE (131 D3) (*🕮 F4*)
Sollten Sie einfach bequeme Schuhe brauchen: Monti hat sie bestimmt – auch Birkenstocksandalen und Dr.-Scholl-Produkte. Direkt hinterm Dom. *Piazza Duomo 27r*

SALVATORE FERRAGAMO
(130 B4) (*🕮 F5*)
Der „König der Schuhmacher" verstarb bereits 1960, doch der Ruhm der Marke ist geblieben. Hier finden Sie Da-

MASSGESCHNEIDERT

Gönnen Sie sich den Luxus einer Maßanfertigung, denn nirgendwo anders als in Florenz wird wahres Kunsthandwerk noch so professionell ausgeführt. *Rina Milano* **(130 A5)** (*🕮* ***E5***) *(Via Santo Spirito 11 | Tel. 05 52 34 39 38 | www.atelierlungarno.it)* schneidert für Sie ein elegantes Kleid, an die Herren denkt *Antonio Liverano* **(130 A3)** (*🕮* ***E5***) *(Via dei Fossi 43r | Tel. 05 52 39 64 36 | www.liverano.com)*, die junge Schuhexpertin *Saskia Wittmer* **(137 D1)** (*🕮* ***E4***) *(Via di S. Lucia 24r | Tel. 0 55 29 32 91 | www.saskiascarpesumisura.com)* fertigt nach dem Modell Ihres Fußes den Schuh Ihrer Wünsche an, und die „weltberühmte Nase" *Lorenzo Villoresi* **(130 C6)** (*🕮* ***F6***) *(Via dei Bardi 14 | Tel. 05 52 34 11 87 | www.lorenzovilloresi.it)* kreiert für Sie das passende Parfum.

Wolllten Sie schon immer mal Maßschuhe besitzen? Dann sind Sie bei Saskia Wittmer richtig!

menschuhe, Kleider, Accessoires sowie das *Museo Salvatore Ferragamo* (s. S. 35). *Via dei Tornabuoni 16r | www.salvatoreferragamo.it*

STOFFE

ANTICO SETIFICIO FIORENTINO ★ ● (136 C2) (*⊞ D5*)

Alessandro Pucci hat im Viertel San Frediano eine Seidenweberei aus dem 18. Jh. wieder zum Leben erweckt und webt und verkauft hier herrliche Stoffe nach antiken Mustern. Nicht unbedingt billig, aber bestimmt das Höchste an Exklusivität! *Via Bartolini 4 | www.anticosetificiofiorentino.com*

CASA DEI TESSUTI (130 C3) (*⊞ F5*)

Die größte Auswahl an Haute-Couture-Textilien in Florenz. Die Modelle werden auf Wunsch per Beamer vorgeführt und anschließend für Sie genäht. Rund 2000 Stoffe sind ständig im Lager vorrätig. *Via dei Pecori 20–24r | www.casadeitessuti.com*

WÄSCHE

FERRINI (130 C4) (*⊞ F5*)

Hier finden Sie edle Bett- und Tischwäsche, Nachthemden und vieles mehr. *Via Calimala 5r | www.ferrinifirenze.it*

LORETTA CAPONI ★ (130 B3) (*⊞ F5*)

Mit neun Jahren begann Loretta zu sticken. Heute befinden sich ihre Werkstätten und Kollektionen in einem 650 m² großen Renaissancepalast, wo sie noch immer das vornehme Florenz und die Königshäuser Europas persönlich berät. *Piazza Antinori 4r | www.lorettacaponi.com*

WEIN

Folgende Geschäfte haben eine große Auswahl guter toskanischer Weine:
Enoteca Alessi (139 C3) (*⊞ F5*) (*Via delle Oche 27r | www.enotecaalessi.com*)
Enoteca Bonatti (138 C2) (*⊞ J5*) (*Via Gioberti 68r | www.enotecabonatti.it*)
Enrico Verità (137 D3) (*⊞ E6*) (*Via de' Calzaiuoli 122r*)

AM ABEND

WOHIN ZUERST?
Ein echtes Nachtschwärmerviertel sucht man in Florenz vergebens. In den kleinen Gassen um **Santa Croce (131 E–F5)** ***(🕮 G5)*** haben sich jedoch einige Bars und Clubs angesiedelt. Dort trifft man sich gegen 19 Uhr zur Happy Hour, trinkt einen Aperitif und kann an üppigen Buffets seinen Hunger stillen, meist zu Festpreisen. Später in der Nacht wird in den Clubs und Diskos abgetanzt. Die besten Spots liegen allerdings am Stadtrand und sind meist nur mit Auto oder Taxi erreichbar. Elektrobus C3, Bus 23, Parkmöglichkeit Piazza Ghiberti.

Wenn Sie es nicht bei einem Bummel durch die Straßen und Gassen der nächtlichen Innenstadt belassen möchten, was an sich bereits ein faszinierendes Erlebnis ist, bietet Florenz viele Möglichkeiten für einen abwechslungsreichen Abend – auch wenn es kein echtes Amüsierviertel gibt.

Viele trendige Bars und Jazzlokale liegen im Zentrum, die meisten Diskos aber sind am Stadtrand zu finden. Die Florentiner Theaterlandschaft ist besonders lebendig. Die rund 200 Aufführungen im Jahr sind häufig Gastspiele und bieten einen repräsentativen Querschnitt der Theaterproduktion aller italienischen Bühnen. Kartenvorverkauf: *Box Office (Via delle Vecchie Carceri 1 | Tel. 05 52 10 80 | www.boxofficetoscana.it)*

Ob Bar, Disko, Open-Air-Konzert oder Hochkultur in Theater und Oper – langweilig sind die Florentiner Nächte nie

BARS & SZENELOKALE

THE CHEQUERS PUB (130 A3) (*🕮 E4*)
Old England in Florenz. Ströme von Ale fließen, und es ist immer voll. Typisches Pub-Food mit Fish & Chips, Hot Dogs und Sandwiches. Nahe des Bahnhofs. *Tgl. 18–1.30, Happy Hour 18.30–20 Uhr | Via della Scala 7*

DOLCE VITA ★ (137 D2) (*🕮 E5*)
Sehen und gesehen werden: Spitzencocktails werden ab 17 Uhr zur Happy Hour gemixt, dann geht's gerappelt voll weiter bis 2 Uhr. Diskobar mit kleinen Ausstellungen und Minikonzerten, und das seit zwanzig Jahren! Im Sommer auch draußen. *Di–So | Piazza del Carmine 6r | www.dolcevitaflorence.com*

FLÒ (138 B4) (*🕮 H6*)
Livemusik, DJ-Set, Glamour, Aperitif-Buffet und dazu – da auf dem Hügel südlich der Stadt gelegen – ein toller Blick auf Florenz! *Tgl. | Piazzale Michelangelo 84 | www.flofirenze.com*

Aperitif bis Absacker: Zoe

HEMINGWAY (137 D3) *(🗺 E5)*
Ein absolutes Muss für Schokoladenfreaks! Aber auch gutes, hausgemachtes Eis, Kuchen (wie man sie in Florenz nur selten bekommt!), viele Tee- und Kaffeesorten, Crêpes etc. *Mo–Do 16.30–1, Fr/Sa bis 2, So 15.30–1 Uhr | Piazza Piattellina 9r | www.hemingway.fi.it*

JAZZ CLUB (131 F3) *(🗺 G4)*
Ab 22 Uhr strömen die Fans in ihren Jazzclub, dienstags und donnerstags auch zur Jamsession. Von Juni bis September zieht das Lokal in den Park der *Villa Fabbricotti* (130 A3) *(🗺 F1) (Di–Sa | Via Vittorio Emanuele). Ab 22 Uhr | Eintritt ca. 8 Euro | Via Nuova de' Caccini 3/Borgo Pinti | www.jazzclubfirenze.com*

KITSCH 1 ★ (138 C2) *(🗺 G4)*
Nehmen Sie in diesem schrägen Ambiente zusammen mit vielen jungen Italienern (und einigen ausländischen Studenten) den vielleicht opulentesten *aperitivo* (bis 22 Uhr) der Stadt ein! *Tgl. 18.30–3 Uhr | Viale Gramsci 1–5/Piazza Beccaia | www.kitsch-bar.com*

MOYO ★ (131 E5) *(🗺 G5)*
Von 8 bis 3 Uhr wird in diesem Kultlokal nahe Santa Croce zum Frühstück gechattet, zum Light Lunch diskutiert und nach dem Aperitif bis tief in die Nacht geflirtet. *Tgl. 8–3 Uhr | Via dei Benci 23r | www.moyo.it*

NEGRONI FLORENCE BAR
(138 A4) *(🗺 G6)*
Hier trifft sich die Florentiner Movida: Im Sommer tummeln sich die Leute vor der Bar, im Winter dicht an dicht drinnen, um einen guten Longdrink zu ordern. *Mo–Fr 20–2 Uhr, Sa/So ab 19 Uhr | Via dei Renai 17r | www.negronibar.com*

PORFIRIO RUBIROSA (133 E4) *(🗺 F3)*
Gestylte American Bar, zur Happy Hour bereitet der Japaner Sato ausgezeichnetes Sushi zu. *Mo–Sa 19–2 Uhr | Viale Filippo Strozzi 18/20 | www.porfirio-rubirosa.it*

REX CAFFÈ (131 F3) *(🗺 G5)*
American Bar im Überseedampfer mitten in der Stadt: gute Kombination aus bunten Cocktails, frischen Häppchen und nach 22 Uhr Livemusik. *Sept.–Mitte Mai tgl. 17–2.30 Uhr | Via Fiesolana 23r*

INSIDER TIPP **IL RIFRULLO**
(138 A4) *(G6)*
Innen kuschlig mit Kamin, draußen romantisch auf der Dachterrasse: Hier kann man es sich gut gehen lassen – vom ersten Cappuccino am Morgen bis zur späten Stunde mit einem guten Glas Wein oder einem fruchtigen Cocktail. *Tgl. 7.30–1.30 Uhr | Via San Niccolò 55r | www.ilrifrullo.com*

RIVALTA CAFÈ (130 B4) *(F5)*
Direkt am Arno mit Blick auf den Ponte Vecchio: perfektes Szenelokal für einen Light Lunch sowie ausgezeichnete Cocktails zur Happy Hour 19.30–22.30 Uhr, Brunch jeden Sonntag 12–15 Uhr. Freitags *Aperitivo Gay Friendly* und am Wochenende DJ-Set. *Tgl. 12–1 Uhr | Lungarno Corsini 14r | www.rivaltacafe.it*

TABASCO ★ (130 C4) *(F5)*
Cocktailbar nur für Männer bei der Piazza della Signoria, die bis 4 Uhr morgens wichtigste Anlaufstelle für homosexuelle Nachtschwärmer in der Stadt ist. Do–Sa auch Disko bis 6 Uhr früh. *Piazza di Santa Cecilia 3 | www.tabascogay.eu*

VOLUME (130 A6) *(E6)*
Die Tischlerei des alten Bini wurde zur Kultbar. Im 1970er-Jahre-Ambiente kann man lesen, vorzügliche Crêpes essen, Livemusik genießen oder einfach etwas trinken. *Tgl. 9.30–1 Uhr | Piazza Santo Spirito 5r | www.volume.fi.it*

THE WILLIAM PUB (131 E5) *(G6)*
Jeden Tag ab 18 Uhr fließt hier der Gerstensaft: Irish, Scottish, English – die vielfältigste Auswahl an Biersorten in ganz Florenz. Im Sommer auch Sitzplätze draußen. *Via Magliabechi 9r | www.thewilliam.it*

ZOE (138 A4) *(G6)*
Beliebter Treff für die junge arbeitende Bevölkerung des Viertels San Niccolò, um mittags schnell etwas zu essen, aber auch für Upper-Class-Studenten, die sich abends zum Aperitif treffen. *Tgl. 8–2 Uhr | Via dei Renai 13r | www.zoebar.it*

MARCO POLO HIGHLIGHTS

★ Dolce Vita
Die Cocktails sind nicht nur während der Happy Hour beliebt → S. 83

★ Kitsch 1
Starke Aperitifs in einem schrägen Ambiente → S. 84

★ Tabasco
Wo Männer unter sich sind → S. 85

★ Moyo
Hier chillen die jungen Leute → S. 84

★ Otel
Beliebtes Ziel der Florentiner Diskofans → S. 86

★ Tenax
Hier legen internationale Top-DJs Musik von Minimal über Techno bis House auf → S. 86

★ Yab
Die In-Disko im Zentrum ist gleichzeitig ein guter Ort für ein Abendessen → S. 86

★ Opera di Firenze
Haupthaus für die Konzert-, Opern- und Ballettaufführungen des Maggio Musicale, des wichtigsten Events der Hochkultur in der Stadt → S. 87

★ Teatro della Pergola
Spitzenensembles sorgen im historischen Ambiente des Hauses für unvergessliche Musik- und Theatererlebnisse → S. 87

DISKOTHEKEN

Die Öffnungszeiten können der Jahreszeit entsprechend schwanken. Zur Sicherheit eventuell vorher anrufen! Der Eintrittspreis beträgt meist um die 25 Euro.

DOLCE ZUCCHERO (131 E4) *(Ⓜ G5)*
Sehr beliebter Disko-Pub, vor allem bei jungen Touristen und Studenten des europäischen Erasmus-Progamms. Mit gesondertem Raum für Livemusik. In der *Australian Beach Bar* – auch mit separatem Eingang – wird bei gedämpfterer Musik gechattet. *Di–So 22.30–4 Uhr | Via Pandolfini 36r*

LOW BUDG€T

Zur Happy Hour gegen 19 Uhr kann man in vielen Bars den *aperitivo* genießen und beinahe „gratis" dazu eine Kleinigkeit essen: Häppchen, Nudelsalate, Reisgerichte, Salate und vieles mehr bietet das Buffet. Besonders gute, reichhaltige „Banketts" gibt es im *Kitsch 2* **(134 A5)** ***(Ⓜ G3)*** *(tgl. 18–3 Uhr | Via San Gallo 22)* und im *Plaz* **(131 F4)** ***(Ⓜ H5)*** *(tgl. Aperitif von 18.30–22 Uhr | Via Pietrapiana 26r)* an der schönen Piazza de'Ciompi, das vom Frühstück bis zum Absacker eine gute Adresse ist.

Leider unüblich für die Diskos in Florenz: Im beliebten *Twice Club* **(131 E5)** ***(Ⓜ G5)*** *(tgl. ab 19 Uhr | Via Verdi 57r | www.twiceclub.com)* muss man keinen Eintritt zahlen. Stimmung und Musik sind bestens!

Mittwoch ist Kinotag, dann kostet der Eintritt nur 5 Euro.

FULL UP (132 D4) *(Ⓜ G5)*
Seit den 1970er-Jahren ein Must des Florentiner Nightlife. Einer der wenigen Clubs mit Raucherzone. *Fr/Sa ab 22 Uhr | Via della Vigna Vecchia 25r*

OTEL ★ (141 E3) *(Ⓜ O)*
Sowohl Disko wie auch Varieté: Ab 19.30 Uhr können Sie hier zu Shows und Kabarett erst einmal Abend essen, bevor Sie sich zu gutem DJ-Set ab 23.30 Uhr auf die Tanzfläche begeben. *Mitte Sept.–Mitte Mai Fr–So | Viale Generale dalla Chiesa 9 | www.otelvariete.com*

SPACE (133 D6) *(Ⓜ E4)*
Im Herzen der Stadt tanzen hier hauptsächlich junge Florentiner zu House, Hip-Hop und Happy Music/Revival. *Tgl. ab 22 Uhr | Via Palazzuolo 37 | www.spaceclubfirenze.com*

TENAX ★ (141 D2) *(Ⓜ O)*
In ganz Italien bekannte Disko nahe dem Flughafen. Internationale DJs und täglich wechselndes Programm. *Okt.–Mai Fr/Sa ab 22 Uhr | Via Pratese 46 | www.tenax.org*

YAB ★ (130 C4) *(Ⓜ F5)*
Die In-Diskothek mitten in Florenz. Hier gibt's Aperitif, Abendessen und Livemusik in einem. *Mi–Sa und Mo ab 21.30 Uhr | Via dei Sassetti 5r | Tel. 055215160 | www.yab.it*

KONZERTE

AUDITORIUM FLOG (141 E2) *(Ⓜ O)*
Viele Livekonzerte, meist Pop und Rock, aber auch Reggae, Hip-Hop und Blues. Do, Fr und Sa Partys mit guten DJs. Faire Eintrittspreise: 5–20 Euro. Im Sommer Open-Air-Kino. *Okt.–Mai | Via Michele Mercati 24b | Tel. 0554779 78 | www.flog.it*

Ballett, Theater, Oper, Pop & Jazz – Programmvielfalt im historischen Teatro Verdi

MANDELA FORUM (135 E5) *(🕮 K4)*
Größte Veranstaltungshalle der Stadt: Sportveranstaltungen sowie Shows nationaler und internationaler Musikstars. *Viale Pasquale Paoli 3 | Tel. 0 55 67 88 41 | www.mandelaforum.it*

OBIHALL (141 E3) *(🕮 M6)*
Das Florentiner Pendant des Tempodrom in Berlin mit einem immer aktuellen Konzert- und Showprogramm. *Lungarno Aldo Moro 3 | Tel. 05 56 50 41 12 | www.obihall.it*

OPERA DI FIRENZE ★
(132 C5) *(🕮 D4)*
Seit 2014 finden die Aufführungen des *Maggio Musicale Fiorentino* – des ältesten und renommiertesten Musikfestivals Italiens – im neuen avantgardistischen Bau *Nuovo Teatro dell'Opera* statt. Vom angegliederten *Open-Air-Auditorium* hat man einen atemberaubenden Blick auf die ganze Stadt. Auch außerhalb der Hauptsaison der Festspiele (Jan.–April und Sept.–Dez.) ist das Programm an Konzerten, Opern und Balletten vielfältig. *Viale Fratelli Rosselli 1 | www.operadifirenze.it*

TEATRO DELLA PERGOLA ★
(131 E3) *(🕮 G4)*
Historisches Logentheater von 1755 für Kammerkonzerte und Theater. *Via della Pergola 18 | Tel. 05 52 26 43 53 | www.teatrodellapergola.com*

TEATRO VERDI (131 E4) *(🕮 G5)*
Großes, altes Logentheater, in dem die Konzerte des *Orchestra Regionale della Toscana* stattfinden. *Via Ghibellina 99 | Tel. 0 55 21 23 20 | www.teatroverdifirenze.it, www.orchestradellatoscana.it*

THEATER

Florenz ist die Stadt Italiens, in der am meisten für Theaterbesuche ausgegeben wird. Neben den traditionellen Theatern haben sich zahlreiche kleinere Bühnen formiert, die vom Kammertheater über Experimentelles bis zu Performances alles bieten. Im Sommer wird häufig in Gärten und Höfen der Paläste und Klöster gespielt. Beeindruckend sind die Aufführungen der *Estate Fiesolana* (s. S. 115), die meist im *Teatro Romano*, im imposanten römischen Theater, in Fiesole stattfinden.

Das aktuelle Programm finden Sie in den Tageszeitungen „La Nazione" *(www.lanazione.it)* und „La Repubblica" *(www.repubblica.it)*.

EX-STAZIONE LEOPOLDA

(132 C5) *(🗺 D3–4)*

Seit Mitte der 1990er-Jahre finden in den riesigen Räumen des ehemaligen Bahnhofs Ausstellungen, Happenings und Performances sowie jedes Jahr im Mai das internationale Theaterfestival statt. *Viale Fratelli Rosselli 5 | www.stazione-leopolda.com*

INSIDER TIPP ODEON CINEHALL

(130 B4) *(🗺 F5)*

Ein Kinovergnügen, nicht nur wenn Sie die italienische Sprache beherrschen, denn immer Mo, Di und Mi werden hier Filme in Originalsprache gezeigt. Dabei können Sie nicht nur den Film genießen, sondern auch den wunderschönen Filmpalast mit seiner märchenhaften Innenausstattung aus den 1920er-Jahren. Ein Kinoerlebnis, wie man es heutzutage fast nirgendwo mehr erleben kann. *Piazza Strozzi 2 | Tel. 0 55 29 50 51 | www.cinehall.it*

BÜCHER & FILME

Das Wunder von Florenz – Architektur und Intrige: Wie die Florentiner Kuppel entstand, von Ross King (2001)

Tod einer Queen/Tod einer Verrückten – Beide Krimis von Magdalena Nabb haben viel Lokalkolorit und geben einen Einblick in die abgewandte Seite der Stadt (1990 bzw. 1989)

Auf den Spuren von Dan Browns Inferno – Gut gemachtes Begleitbuch zu den Thriller-Schauplätzen des Bestsellers in Florenz (2013)

Zimmer mit Aussicht – James Ivorys Verfilmung der um 1900 spielenden Liebesgeschichte – gedreht an mehreren Schauplätzen in Florenz wie der Piazza della Signoria und der Fattoria di Maian – erhielt gleich drei Oscars (1986)

Tee mit Mussolini – Seinen autobiografischen Film über das Schicksal englischer „Florentiner" bei Kriegsende drehte Franco Zeffirelli in der Innenstadt, über den Hügeln von Florenz und in San Gimignano (1999)

Bildnis einer Dame – Nicole Kidman und John Malkovich sind die Hauptdarsteller in der Verfilmung von Henry James' gleichnamigem Roman durch Jane Campion (1996)

Amore Amore – Typische Florentiner Mentalität zeigt der Film von Leonardo Pieraccioni (1996)

Hannibal – Dass Hannibal Lecter gerade in Florenz wieder auftaucht, trug nicht wenig zum großen Erfolg von Ridley Scotts Thriller bei (2001)

Das Teatro del Sale kombiniert Koch- und Schauspielkunst

INSIDER TIPP TEATRO DEL SALE
(138 B2) (*Ⓜ H5*)
Theater und gleichzeitig Restaurant und Delikatessenladen: Nachdem Sie am Eingang für 5 Euro einen Mitgliedsausweis erhalten haben, können Sie in diesem angenehmen Ambiente in ledernen Clubsesseln zwischen alten Bücherregalen oder aber vor der offenen Küche brunchen, Mittag essen und abends vom famosen König der Florentiner Küche, Fabio Picchi, persönlich das Essen serviert bekommen (es empfiehlt sich, ab 19 Uhr da zu sein!). Manchmal sitzt man mit anderen Leuten zusammengewürfelt an großen Tischen, und manchmal reicht der Platz an den winzigen Bänkchen nicht aus, um sein Glas abzustellen. Kurz vor 21 Uhr werden die Tische zusammengestellt und die Vorstellung beginnt. Im Internet können Sie sich vorher über das Tagesprogramm informieren. Aber auch ohne Show bleibt Ihnen dieser Abend garantiert in Erinnerung. *Di–Sa 9–11, 12.30–14.30 und 19.30–21 Uhr, Show ab 21 Uhr, Aug. geschl. | Brunch 7 Euro, Lunch 20 Euro, Dinner 30 Euro | Via dei Macci 111r | Tel. 05 52 00 14 92 | www.edizioniteatrodelsalecibreofirenze.it*

TEATRO DELLA LIMONAIA (141 E2)
Seit 1987 wird im Vorort Sesto Fiorentino in der eleganten Orangerie der Villa Corsi Salviati avantgardistisches Theater gespielt. *Via Gramsci 426 | Tel. 0 55 44 08 52 | www.teatrodellalimonaia.it*

TEATRO PUCCINI (141 D3) (*Ⓜ B2*)
Bei den Florentinern beliebte Spielstätte mit buntem Programm vom satirischen Kabarett bis zum Musical. *Via delle Cascine 41/Piazza Puccini | Tel. 0 55 36 20 67 | www.teatropuccini.it*

TEATRO DI RIFREDI (141 E3)
Musicals und Experimentiertheater, aufgeführt im Vorort Rifredi. *Via Vittorio Emmanuele II 303 | Tel. 05 54 22 03 61 | www.toscanateatro.it*

ÜBERNACHTEN

In Florenz ist frühzeitiges Buchen angesagt! Für einen längeren Aufenthalt im Hochsommer ist vermutlich ein Hotel im Grünen oberhalb der Stadt vorzuziehen. Wohnen Sie allerdings im Zentrum, können Sie sich während der heißen Mittagsstunden kurz zurückziehen und erleben die Stadt unmittelbar.

Wollen Sie mit der ganzen Familie nach Florenz fahren, so erkundigen Sie sich bei *Italy Family Hotels (Tel. 05 41 39 48 51 | www.italyfamilyhotels.com)*. *Waytostay (www.waytostay.com)* und *www.airbnb.de/s/Firenze* hingegen offerieren Ferienwohnungen. Über Unterkünfte mit gutem Preis-Leistungs-Verhältnis informiert Sie *Apartments in Florence (Tel. 0 55 36 21 81 | www.apartmentsinflorence.net)*. Kostenlose Hotelreservierungen bietet der *Consorzio Informazioni Turistiche Alberghiere (www.firenzealbergo.it)* an. Die Broschüre *Guida all'ospitalità* mit allen Unterkünften in Florenz und Umgebung gibt es kostenlos bei der Touristinformation *(www.firenzeturismo.it)*.

Seit 2011 hat die Stadt Florenz eine Kurtaxe eingeführt. Die Steuer gilt nur für Übernachtungen und für maximal sieben aufeinanderfolgende Nächte (1–5 Euro pro Nacht, je nach Hotelklasse). Kinder bis 12 Jahre sind ausgenommen.

HOTELS €€€

BRUNELLESCHI (131 D4) *(🕮 F5)*
Übernachten in einem der ältesten Gebäude der Stadt mit einem Turm aus by-

 Bild: Gallery Art Hotel

Bevorzugen Sie als Unterkunft einen historischen Stadtpalast, ein Designerhotel, ein B & B oder eine Familienvilla im Grünen?

zantinischer Zeit. Modern und komfortabel eingerichtet, gutes Restaurant und im Herzen der Stadt. *96 Zi. | Piazza Santa Elisabetta 3 | Tel. 05 52 73 70 | www.hotelbrunelleschi.it*

EXECUTIVE (133 D6) *(🕮 D4)*
Das edle Hotel liegt zentral ganz in der Nähe des Arno. Einige Zimmer sind sogar mit einer privaten Sauna ausgestattet. Mit Parkmöglichkeit (gebührenpflichtig). *48 Zi. | Via Curtatone 5 | Tel. 0 55 21 74 51 | www.hotelexecutive.it*

GALLERY ART HOTEL ★
(130 C5) *(🕮 F5)*
Designhotel beim Ponte Vecchio. In Lobby, Bar und Bibliothek finden ab und an Ausstellungen mit moderner Kunst statt. Auf der schattigen Piazzetta erhalten Sie köstliche Kleinigkeiten in der *Fusion Bar (Shozan-Gallery)*. Japanisch-internationale Küche *(Aug. geschl.)*. *74 Zi.* INSIDER TIPP *(Nr. 701, 707 und 708 mit Dachterrasse!) | Vicolo dell'Oro 5 | Tel. 0 55 27 26 40 00 | www.galleryhotelart.com*

Torre di Bellosguardo – hier lässt sich der Blick auf Florenz gelassen am Pool genießen

GRAND HOTEL MINERVA
(130 A2–3) *(🕮 E4)*
Zentral, nach hinten ruhig. Freundlicher Service und auf dem Dach ein schöner Pool, um den man (auch ohne Gast zu sein) INSIDER TIPP donnerstags zur *Minerva Giò* sitzen kann: Aperitif mit gutem Buffet und Livemusik für 15 Euro *(Mitte Mai–Anfang Aug. 19.30–22 Uhr)! 102 Zi. | Piazza Santa Maria Novella 16 | Tel. 055 27 2 30 | www.grandhotelminerva.com*

HH FLORENCE (138 B3) *(🕮 H6)*
Reinkultur, nicht nur für Hochzeitsreisen: Ob Tisch, Sessel, Boden oder Bett, im „Hotel home", strahlt alles weiß und wird nur von wenigen goldenen Details unterbrochen. Große Panoramaterrasse. *39 Zi. | Piazza Piave 3 | Tel. 0 55 24 36 68 | www.hhflorence.it*

JK PLACE (130 A3) *(🕮 E4)*
Ein sehr elegantes und intimes Hotel mit viel Charme und Stil an der schönen Piazza Santa Maria Novella. Weiter Blick über die Stadt von der Dachterrasse. *20 Zi. | Piazza Santa Maria Novella 7 | Tel. 055 26 45 181 | www.jkplace.com*

LUNGARNO ★ (130 B5) *(🕮 F5)*
Modern und komfortabel direkt am südlichen Arnoufer nur 100 m vom Ponte Vecchio entfernt gelegen. Dazu gehört das vorzügliche Restaurant *Borgo San Jacopo (Aug. geschl. | €€–€€€). 73 Zi. | Borgo Sant'Jacopo 14 | Tel. 0 55 27 26 40 00 | www.lungarnohotels.com*

INSIDER TIPP **PALAZZO GUADAGNI**
(130 A6) *(🕮 E6)*
Schlafen in einem Renaissancepalast aus dem 16. Jh.: wunderschöne Zimmer, Florentiner Ambiente und eine herrliche Aussicht vom Dachgarten. *15 Zi. | Piazza Santo Spirito 9 | Tel. 055 26 58 3 76 | www.palazzoguadagni.com*

TORNABUONI 1 (130 B4) *(🕮 F5)*
Komfortables Hotel mit herrlicher Panoramaterrasse. *22 Zi. | Via Tornabuoni 1 | Tel. 055 26 58 161 | www.tornabuoni1.com*

TORRE DI BELLOSGUARDO ★ (136 B4) *(C6)*
Ruhe und Gastlichkeit in einer schönen Renaissancevilla mit Blick von Süden auf die Stadt und einem großen Park mit Pool. *16 Zi. | Via Roti Michelozzi 2 | Tel. 05 52 29 81 45 | www.torrebellosguardo.com*

VILLA CARLOTTA ★ (127 D5) *(E7)*
Elegant-familiäre Atmosphäre in einer Villa des 19. Jhs. im Grünen hinter der Porta Romana und den Boboli-Gärten. Mit eigenem Parkplatz und Pool. *33 Zi. | Via Michele di Lando 3 | Tel. 0 55 22 05 30 | www.hotelvillacarlotta.it*

HOTELS €€

ANNALENA ★ (137 D4) *(E6)*
Romantisches Liebhaberdomizil in bester Lage bei den Boboli-Gärten. Die schönsten Zimmer gehen auf die offene Galerie mit Blick ins Grüne. *20 Zi. | Via Romana 34 | Tel. 0 55 22 24 02 | www.annalenahotel.com*

APE ROSA ★ (133 E1) *(F1)*
Die Villa aus dem 19. Jh., die sechs liebevoll eingerichteten Zimmer sowie die wunderbar ruhige Lage machen aus diesem B & B einen idealen Ort, um sich vom Florentiner Chaos zu erholen. Eigener Parkplatz und italienischer Garten. *Via dei Cappuccini 12 | Tel. 0 55 47 51 78 | www.aperosa.it*

APRILE (133 D6) *(E4)*
Zauberhaftes Hotel mit geschmackvoller Ausstattung und wunderschönem Garten im Palazzo del Borgo. *34 Zi. | Via della Scala 6 | Tel. 0 55 21 62 37 | www.hotelaprile.it*

ARTI & HOTEL (131 E2) *(G4)*
Kleines Boutiquehotel mit schön eingerichteten Zimmern nahe der Piazza SS. Annunziata. *11 Zi. | Via dei Servi 38a | Tel. 05 52 67 85 53 | www.artiehotel.it*

BENCISTÀ ★ (141 E3) *(N2)*
Auf halbem Weg nach Fiesole am Hang in Olivenhainen gelegenes, stilvolles Fa-

MARCO POLO HIGHLIGHTS

★ **Gallery Art Hotel**
Feines Hotel in bester Lage, das manchmal auch zur Galerie wird → S. 91

★ **Lungarno**
Modern-gepflegt direkt am Ponte Vecchio → S. 92

★ **Torre di Bellosguardo**
Renaissancevilla mit Pool, Park und Panoramablick auf die Stadt → S. 93

★ **Villa Carlotta**
Landhaus-Charme in Zentrumsnähe → S. 93

★ **Annalena**
Liebhaberdomizil beim Boboli → S. 93

★ **Ape Rosa**
Angenehme Villa in ruhiger Lage → S. 93

★ **Bencistà**
Familiäres Flair am Hügel von Fiesole → S. 93

★ **Loggiato dei Serviti**
Viel Ambiente in den Räumen des einstigen Serviten-Klosters → S. 94

★ **Morandi alla Crocetta**
Stilvoll, charmant – und dabei sogar bezahlbar → S. 94

★ **Fattoria di Maiano**
Urlaub zwischen Kunst und Oliven auf dem Gelände eines ehemaligen Klosters → S. 96

milienhotel mit einem Traumblick auf die Stadt und freundlicher Atmosphäre. 6 km zum Zentrum. *40 Zi. | März–Nov. | Via Benedetto da Maiano 4 | Fiesole | Tel. 05 55 91 63 | www.bencista.com*

CELLAI (133 F5) *(🗺 F3)*
Geschmackvoll mit antiken Möbeln ausgestattete Zimmer und Liebe zum Detail. Schöne Dachterrasse und gemütliches Kaminzimmer. *55 Zi. | Via XVII Aprile 14 | Tel. 0 55 48 92 91 | www.hotelcellai.it*

LOGGIATO DEI SERVITI ★
(131 E1) *(🗺 G4)*
Ein charmantes Hotel mit viel Atmosphäre im ehemaligen Gästehaus der Serviten an einem der schönsten Plätze von Florenz. *38 Zi. | Piazza della Santissima Annunziata 3 | Tel. 0 55 28 95 92 | www.loggiatodeiservitihotel.it*

MORANDI ALLA CROCETTA ★
(131 F1) *(🗺 G4)*
Kleines, stilvolles, relativ ruhiges Hotel nahe SS. Anunziata in einem früheren Kloster. Gut geeignet für Familien. Mit Parkgarage (gebührenpflichtig). *10 Zi. | Via Laura 50 | Tel. 05 52 34 47 47 | www.hotelmorandi.it*

ORTO DEI MEDICI (133 F5) *(🗺 G3)*
Charmantes Hotel im Zentrum mit hübschen Zimmern, Parkplatz und einem

LUXUSHOTELS

Four Seasons Hotel
(132 B5) *(🗺 G–H 3–4)*
Hier ist alles vom Feinsten: die Lage, der Palast mit seinem 4,5 ha großen Park, das Restaurant *Il Palagio* und das ● exzellente Spa! Ab 325 Euro. *117 Zi. | Borgo Pinti 99 | Tel. 05 52 62 61 | www.fourseasons.com/florence*

Helvetia & Bristol (130 B3) *(🗺 F5)*
Charmantes Stadthotel mit Old-England-Atmosphäre, schönen alten Möbeln und bezauberndem Wintergarten. Ab 330 Euro. *67 Zi. und App. | Via dei Pescioni 2 | Tel. 05 52 66 51 | www.royaldemeure.com*

Savoy (130 C3) *(🗺 F5)*
Ideal für Luxusshopper: ein edles, von Sir Rocco Forte übernommenes und renoviertes Grandhotel direkt im Stadtzentrum mit Aussicht auf die Piazza della Repubblica. Vorzüglicher Service und gutes Restaurant. Ab 330 Euro. *102 Zi. und Suiten | Piazza della Repubblica 7 | Tel. 05 52 73 51 | www.hotelsavoy.it*

Villa San Michele ☀ **(141 E2) *(🗺 0)***
Das teils von Michelangelo entworfene frühere Kloster in einem großen Park unterhalb von Fiesole gilt als eines der luxuriösesten Hotels Italiens. Herrlicher Blick auf die Stadt vom Hotel wie auch vom Pool. In der Loggia können Sie vorzüglich essen oder nur einen Cocktail nehmen! 780–2500 Euro. *46 Zi. und Apartments | Mitte März–Mitte Nov. | Via Doccia 4 | Fiesole | Tel. 05 55 67 82 00 | www.villasanmichele.com*

The Westin Excelsior (137 D2) *(🗺 E5)*
Traditionshotel im eleganten Palast am Arno. ☀ Schöne Panoramadachterrasse. Ab 620 Euro. *171 Zi. und Suiten | Piazza Ognissanti 3 | Tel. 05 52 71 51 | www.westinflorence.com*

In der von Michelangelo errichteten Villa San Michele nahe Fiesole wartet Luxus pur

wunderschönen Garten, in dem Lorenzo de'Medici seine Skulpturenschule gründete. *42 Zi. | Via San Gallo 30 | Tel. 0 55 48 34 27 | www.ortodeimedici.it*

PALAZZO GALLETTI (131 E3) *(🗺 G5)*
Im ersten Stock dieses Palasts aus dem 19. Jh. befindet sich das schöne B & B mit jeglichem Komfort. *11 Zi. | Via Sant'Egidio 12 | Tel. 05 53 90 57 50 | www.palazzogalletti.it*

INSIDER TIPP **RESIDENCE LA MEDICEA** (130 C2) *(🗺 F4)*
Individuell und sehr geschmackvoll eingerichtete Miniapartments (für 2–5 Personen) im Herzen der Stadt mit traumhaftem Blick auf die greifbar nahe Kuppel der Cappelle Medicee. Mindestaufenthalt 3 Nächte. *11 App. | Via dell'Ariento 3r | mobil 33 58 11 66 88 | www.residencelamedicea.com*

RIVA LOFTS (132 A6) *(🗺 B4)*
Acht modern eingerichtete Studios (30–100 m²) mit Garten, Pool am südlichen Arnoufer. *Via Baccio Bandinelli 98 | Tel. 05 57 13 02 72 | www.rivalofts.com*

INSIDER TIPP **HOTEL ROYAL**
(133 F4) *(🗺 F3)*
Gelegen in einer Villa aus dem 19. Jh. mit großem Garten und Pool. Ruhig und doch in Bahnhofsnähe. *39 Zi. | Via delle Ruote 50–54 | Tel. 0 55 48 32 87 | www.hotelroyalfirenze.it*

HOTELS €

ALESSANDRA (130 B5) *(🗺 F5)*
Hotel mit großen Zimmern, Nummer 21, 22 und 26 mit Arnoblick! *27 Zi. | Mitte Dez. und Mitte Aug. geschl. | Borgo Santi Apostoli 17 | Tel. 0 55 28 34 38 | www.hotelalessandra.com*

CLASSIC (137 E5) *(🗺 E7)*
Hotel in einer typischen Florentiner Villa des 19. Jhs. mit Garten. Nahe Porta Romana. Parkplatz. *20 Zi. | Aug. geschl. | Viale Machiavelli 25 | Tel. 0 55 22 93 51 | www.classichotel.it*

GIOIA (133 F5) *(🗺 G3)*
Kleines Hotel direkt im Herzen der Stadt mit geschmackvoll eingerichteten Zimmern und Parkgarage (gebührenpflichtig). *28 Zi. | Via Cavour 25 | Tel. 0 55 28 28 04 | www.hotelgioia.it*

Immer blank geputzt: Messingschild des Hotels La Scaletta

POR SANTA MARIA (130 C4) *(🗺 F5)*
Gemütliche Zimmer mit Blick auf die belebte Stadt in der Nähe der Piazza della Signoria. *8 Zi. (nur eines mit Bad) | Via Calimaruzza 3 | Tel. 0 55 21 63 70 | www.hotelporsantamaria.com*

HOTEL LA SCALETTA (130 B6) *(🗺 F6)*
Im Sommer schön kühle Zimmer, Dachterrasse für romantische Dinner und freundlicher Service nahe dem Ponte Vecchio. *15 Zi. | Via Guicciardini 13 | Tel. 0 55 28 30 28 | www.lascaletta.com*

HOTEL VILLA BONELLI (141 E2) *(🗺 0)*
Charmante Bleibe in den Hügeln von Fiesole. *22 Zi. | April–Nov. | Via Poeti 3 | Fiesole | Tel. 0 55 59 51 3 | www.hotelvillabonelli.com*

AGRITURISMO & B & B

INSIDER TIPP **A TEATRO** (131 E4) *(🗺 G5)*
Bezauberndes B & B mit optimalem Preis-Leistungs-Verhältnis gleich neben dem Teatro Verdi und damit schön zentral. *6 Zi. | Via Verdi 12 | 4. Stock mit Aufzug | Tel. 0 55 2 63 82 42 | www.a-teatro.com*

B & B ALBERGHINO
(133 D5) *(🗺 E3)*
Die Antiquitätenliebhaberin Letizia beherbergt ihre Gäste wie gute Freunde: Sie gibt Restauranttipps, hilft bei Ticketreservierungen und weiß immer, wo was los ist. Nahe der Fortezza di Basso. *5 Zi. | Via Cittadella 6a | Tel. 0 55 33 31 42 | www.alberghino.it*

FATTORIA DI MAIANO ★
(141 E2) *(🗺 0)*
Zwölf gemütliche Apartments auf dem Gelände eines Klosters aus dem 15. Jh., das schon mehrfach Filmkulisse war. Schwimmbad, Restaurant mit Gutsprodukten und kleine Farm. Nur wochenweise; für zwei Personen ca. 800 Euro. *Via Benedetto da Maiano 11 | Fiesole |*

Tel. 0 55 59 96 00 | www.fattoriadimaiano.com

GUEST HOUSE CAPRI MOON
(130 A4) *(🕮 E5)*
Gepflegtes, stilvoll eingerichtetes Ambiente in unmittelbarer Nähe zur exklusiven Shoppingmeile. *4 Zi. | Via della Vigna Nuova 17 | Tel. 05 52 39 64 15 | www.caprimoon.com*

PALAZZO RUSPOLI (130 C2) *(🕮 F4)*
Charmantes, sehr gepflegtes B & B am Dom mit verschieden großen Zimmern. Freundlicher Service, gutes Frühstück. *20 Zi. | Via Martelli 5 | Tel. 05 52 67 05 63 | www.palazzo-ruspoli.it*

INSIDER TIPP **RELAIS IL CESTELLO**
(137 D2) *(🕮 E5)*
B & B mit schönen Zimmern und freundlichem Service an einer zum Fluss offenen Piazzetta auf der südlichen Arnoseite nahe Santa Maria del Carmine. *10 Zi. | Piazza di Cestello 9 | Tel. 0 55 28 06 32 | www.relaisilcestello.it*

RESIDENZA IL CARMINE
(137 D3) *(🕮 E6)*
Sechs hübsch eingerichtete Apartments (vier zum Innengarten mit Sitzecke) mit Bad und Kochnische für zwei bis vier Personen. Ideal auch für einen längeren Aufenthalt. Ruhig, aber im lebhaften Viertel Santo Spirito gelegen. Mindestaufenthalt drei Nächte. *Via d'Ardiglione 28 | Tel. 05 52 38 20 60 | www.residenzailcarmine.com*

LE TRE STANZE (131 E3) *(🕮 G5)*
Gleich um die Ecke vom Dom befindet sich das nette B & B mit Garten, in dem Sie Beny Steiner freundlich willkommen heißt. Wie der Name schon sagt: Es gibt nur drei Zimmer. *Via dell'Oriuolo 43 | Tel. 05 52 12 87 56 | www.letrestanze.it*

CAMPING

CAMPING PANORAMICO FIESOLE
(141 E2) *(🕮 0)*
Ruhiger, kleiner Campingplatz mit Panoramablick über ganz Florenz und einem schönen Pool. Kostenloser Shuttleservice nach Fiesole. *110 Stellplätze | Mitte März–Okt. | Fiesole | Via Peramonda 1 | Tel. 0 55 59 90 69 | www.florencecamping.com*

LOW BUDG€T

Beliebte Jugendherbergen sind das relativ neu in Oltrarno eröffnete *Ostello Tasso* **(136 C3)** ***(🕮 D6)*** *(EZ, DZ und Mehrbettzi. 27–75 Euro inkl. Frühstück | Via Villani 15 | Tel. 05 50 60 20 87 | www.ostellotassofirenze.it)*, das im Grünen Richtung Fiesole gelegene *Ostello Villa Camerata* **(135 F3)** ***(🕮 L1)*** *(DZ und Mehrbettzi. 18–30 Euro/Pers. inkl. Frühstück | Viale Augusto Righi 2–4 | Tel. 0 55 60 14 51 | www.ostellofirenze.it | Bus 11, 10 Min. vom Dom)*, in einem Ex-Kloster in Oltrarno das *Ostello Santa Monaca* **(137 D3)** ***(🕮 E5)*** *(Mehrbettzi. 18–25 Euro/Pers. | Via Santa Monaca 6 | Tel. 0 55 26 83 38 | www.ostello.it)* und das zentrumsnahe *Plus Florence* **(133 F4)** ***(🕮 F3)*** *(DZ und Mehrbettzi. 20–30 Euro/Pers. | Via Santa Caterina D'Alessandria 15 | Tel. 05 54 62 89 34 | www.plusflorence.com)* mit Dachterrasse und Pool.

Reservierungen und Tipps zu Bed & Breakfast: *www.bbplanet.it*, *www.bed-and-breakfast-italien.com* und *www.abba-firenze.it*.

ERLEBNISTOUREN

1 FLORENZ PERFEKT IM ÜBERBLICK

START: ① Piazza della Signoria **ZIEL:** ⑯ Teatro della Pergola	1 Tag reine Gehzeit 1½ Stunden
Strecke: ➡ 6 km	
KOSTEN: Pro Kirchenbesuch/Museum 4–10 Euro	

Ganz Florenz ist ein großes, lebendiges Kunstwerk. Alles kann man sich nicht ansehen, daher sollten Sie sich auf die wesentlichen Objekte konzentrieren. Den besten Eindruck erhalten Sie, wenn Sie über die weiten Plätze schreiten und durch die verwinkelten Gassen gehen, um die Atmosphäre der Stadt erst einmal auf sich einwirken zu lassen. Diese Tour ermöglich es Ihnen!

① Piazza della Signoria

08:00 Der perfekte Start in den Tag gelingt am besten an der ① **Piazza della Signoria** → S. 39 mit einer

Städte haben viele Facetten. Wenn Sie Lust haben, diese verschiedenen Gesichter mit all ihren einzigartigen Besonderheiten zu entdecken, wenn Sie jenseits bekannter Pfade geführt oder zu grünen Oasen, ausgewählten Restaurants oder typischen Aktivitäten geleitet werden wollen, dann sind diese maßgeschneiderten Erlebnistouren genau das Richtige für Sie. Machen Sie sich auf den Weg und folgen Sie den Spuren der MARCO POLO Autoren – ganz bequem und mit der digitalen Routenführung, die Sie sich über den QR-Code auf S. 2/3 oder die URL in der Fußzeile zu jeder Tour downloaden können.

Brioche und einem wirklich guten Cappuccino im renommierten **Rivoire → S. 64** oder mit einer Tasse heißer Schokolade, denn dafür ist das Rivoire in ganz Italien berühmt! Die weite Piazza gilt mit dem **Palazzo Vecchio → S. 37** und der **Loggia dei Lanzi → S. 34** als einer der inspirierendsten Orte von Florenz.

Promenieren Sie nun über die Via dei Calzaiuoli, biegen Sie am ehemaligen Getreidespeicher, der skulpturengeschmückten Kirche **2 Orsanmichele → S. 35**, **nach links**

2 Orsanmichele

❸ Palazzo Strozzi

❹ Via dei Tornabuoni

und schlendern Sie **über die Piazza della Repubblica,** wo Sie eine deutsche Zeitung am Kiosk unter dem Triumphbogen kaufen können. Dann gehen Sie **auf der Via Strozzi** zum majestätischen **❸ Palazzo Strozzi → S. 36**, in dem vielleicht gerade eine interessante Kunstausstellung stattfindet. Vom Palastinnenhof geht es direkt auf die **❹ Via dei Tornabuoni**, die Luxusmeile der Haute Couture. Hier können Sie sich – einen größeren Geldbeutel vorausgesetzt – neu einkleiden, z. B. mit exklusiver Mode bei **Emilio Pucci → S. 79** oder mit Schuhen von **Salvatore Ferragamo → S. 80**.

❺ Museo Marino Marini

Haben Sie Lust auf etwas modernere Kunst? Dann gehen Sie jetzt am besten **entlang der mittelalterlichen Via della Spada zur Piazza San Pancrazio** mit dem in der gleichnamigen Kirche installierten **❺ Museo Marino Marini → S. 46** mit Werken des 1980 verstorbenen Künstlers. Von hier aus gelangen Sie in nur drei Minuten weiter **über die Via della Spada und die Via di Fossi** zur schönen und weitläufigen Piazza Santa Maria Novella. Dort können Sie jetzt auf einer der aufgestellten Bänke einen Blick in Ihre Zeitung werfen oder sich ein bisschen sonnen, ehe Sie die Kirche **❻ Santa Maria Novella → S. 48** mit ihren unermesslichen Kunstschätzen – darunter großartige Freskenzyklen – besuchen.

❻ Santa Maria Novella

12:00 Stadteinwärts gelangen Sie **über die Via del Giglio** nun zu einem beeindruckenden Mausoleum der Medici-Familie, den **7 Cappelle Medicee → S. 44**, die zur Kirche **San Lorenzo → S. 44** gehören. In den Seitengassen brummt der große Touristenmarkt, auf dem Sie sicher ein nettes Mitbringsel finden. Jetzt kommt es auf die Größe Ihres Hungers an. Kehren Sie gegenüber der Kirche bei **8 Gozzi Sergio → S. 70** ein: In dieser authentischen Trattoria essen Sie gemeinsam mit vielen Florentinern, die sich hier einen Teller guter Pasta gönnen. Falls Sie keinen Tisch mehr bekommen sollten, finden Sie **die Via dell'Ariento 100 m weiter rechter Hand** das kulinarische Schlaraffenland des **9 Mercato Centrale → S. 78**, wo Sie sich aus den INSIDER TIPP besten italienischen Köstlichkeiten auf der ersten Etage der großen Halle ein entsprechendes Mahl zusammenstellen können. Und selbst mit vollem Magen lohnt ein Bummel vorbei an überbordenden Marktständen mit frischen Spezialitäten im Erdgeschoss.

Gestärkt laufen Sie jetzt weiter den **Borgo San Lorenzo** mit seinen vielen Schuhgeschäften entlang, bis Sie auf dem Platz zwischen dem überwältigenden **10 Duomo di Santa Maria del Fiore → S. 30** und dem **Baptisterium → S. 28** stehen. Sie sollten sich außerdem Zeit für einen Blick ins **11 Museo dell'Opera di Santa Maria del Fiore → S. 34** **östlich des Doms** nehmen, denn hier können Sie die Originale der faszinierenden Bildhauerarbeiten sehen.

16:00 Auf geht es zu Dante und einem höllisch guten Eis: Die **Via del Proconsolo** führt Sie etwas von den Touristenmassen weg. Machen Sie einen Schlenker **über die Via Dante Alighieri** zu **12 Dantes Geburtshaus → S. 29**, ehe Sie **durch den Borgo degli Albizi** schlendern. Die eisschleckenden Menschen kommen Ihnen von **13 Vivoli → S. 65** entgegen – es ist die beste Eisdiele der Stadt! **Wenige Schritte entlang der Via Torta,** und es öffnet sich vor Ihnen wie eine Theaterkulisse die Piazza Santa Croce mit der prachtvollen Franziskanerkirche **14 Santa Croce → S. 52**, dem Pantheon von Florenz. Sputen Sie sich etwas, um bis 17.30 Uhr die angeschlossene Lederwerkstatt **15 Scuola del Cuoio → S. 77** zu erreichen, in der u. a. der König von Marokko oder der englische Adel Stammkunden sind. Anschließend ist es Zeit für einen Aperitif samt einer Kleinigkeit im nahen **Moyo → S. 84**, um dann den Tag vielleicht mit einer Aufführung im historischen Logentheater **16 Teatro della Pergola → S. 87** zu krönen.

2 VON SANTA MARIA NOVELLA ÜBER DIE SÜDLICHEN HÖHEN

START: ① Ponte Vecchio
ZIEL: ① Ponte Vecchio

Strecke:
8 km

5 Stunden
reine Gehzeit
2 ½ Stunden

KOSTEN: Eventuell Busticket *biglietto 24 ore* 5 Euro
MITNEHMEN: Bequeme Schuhe, Fotoapparat, im Sommer Sonnenschutz

ACHTUNG: Falls die Füße schmerzen, können Sie die Hügelstraße ab Porta Romana auch per Bus (Linie 12) genießen.

Florenz liegt im Tal und ist umgeben von Hügeln, in deren Gärten alte, meist wunderschöne Villen stehen. Wenn Sie ein ausdauernder Spaziergänger sind, können Sie den südlichen Höhenzug zu Fuß erwandern – Sie haben von hier wunderschöne Blicke auf die Stadt und das gegenüberliegende Fiesole.

① Ponte Vecchio

② Palazzo Pitti

10:00 Die Tour startet an der „alten Brücke", dem **① Ponte Vecchio → S. 39**, Wahrzeichen von Florenz. Von hier aus hat man einen herrlichen Blick arnoauf- und -abwärts. **Auf der Via Guicciardini,** seit 2015 neue Fußgängerzone der Stadt, erreichen Sie in Kürze den mächtigen **② Palazzo Pitti → S. 57**, einst Residenz der toskanischen Großherzöge, in dem heute mehrere Museen und Galerien untergebracht sind. Trinken Sie gegenüber vom Palast einen Cappuccino im **Caffè Pitti → S. 64** oder setzen Sie sich einfach auf den Platz und genießen die Atmosphäre. Nach rund 200 m biegen Sie **rechts in die Via del Campuccio** ein, eine kleine, ruhige Gasse, die quer durch das Handwerkerviertel San Frediano **direkt zur Piazza Tasso** führt. Nur mit Vorplanung hätten Sie nun die Chance, den größten privaten Garten innerhalb der Florentiner Mauern zu besichtigen, den **Giardino Torrigiani** *(mit Voranmeldung für Gruppen*

über 15 Pers. | Eintritt 20 Euro/Pers. | Eingang Via del Campuccio 55 | Tel. 0 55 22 45 27 | www.giardinotorrigiani.it). Von der Piazza Tasso aus können Sie **an der alten Stadtmauer entlang** bis zur schönen ❸ **Porta Romana** gehen.

Von der Porta Romana aus führt hügelaufwärts der baumgesäumte ❹ **Viale Niccolò Machiavelli** vorbei an Gärten und Villen bis zum **Piazzale Galileo** mit dem Hotel Kraft, auch Sitz des Schweizer Honorarkonsulats. Weiter geht es den ❺ **Viale Galileo Galilei** entlang mit seinen schönen Kastanienbäumen bis zum Restaurant **Châlet Fontana** *(Di–So | Viale Galileo Galilei 7 | www.chaletfontana.it | €€)*, schon immer einer der gastronomischen Treffpunkte der Florentiner.

Auf der Serpentinenstraße öffnet sich bald links die Aussicht auf das Forte di Belvedere und die östlich der Stadt gelegenen Hügel von San Domenico und Fiesole, bis rechts der kolossale Marmoraufgang von ❻ **San Miniato al Monte** → S. 60 hervortritt. Nutzen Sie die Gelegenheit zur Besichtigung dieser wunderschönen Kirche. Auf dem sie umgebenden Friedhof, dem **Cimitero delle Porte Sante**, liegen viele verdiente Florentiner Bürger begraben, u. a. auch der Schöpfer des bekannten Pinocchio, Carlo Collodi. In der alten INSIDER TIPP **Klosterapotheke** *(tgl. 10–12.15 und 15–18 Uhr)* bekommt man Kräuterliköre, Kerzen und andere Mitbringsel.

❸ Porta Romana

❹ Viale Niccolò Machiavelli

❺ Viale Galileo Galilei

❻ San Miniato al Monte

Reich bestückt: Auf dem Ponte Vecchio reihen sich die Juwelierläden dicht an dicht

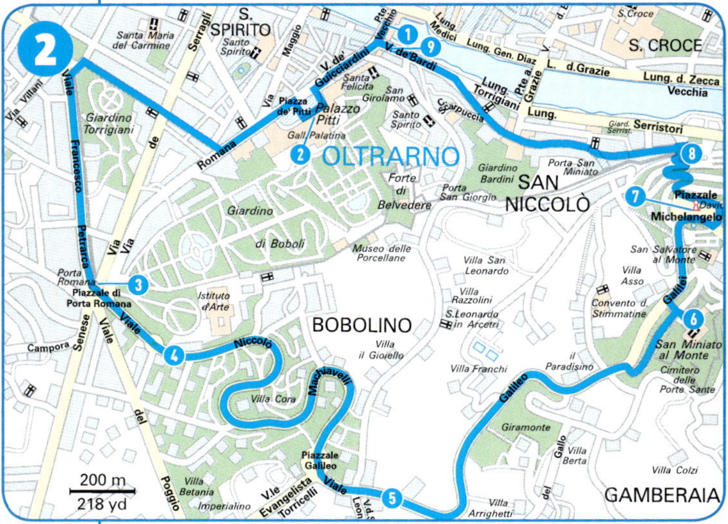

7 Piazzale Michelangelo

13:00 Unterhalb von San Miniato öffnet sich nach **wenigen Schritten weiter entlang der Hügelstraße** der große Aussichtsplatz des **7 Piazzale Michelangelo** **→ S. 60**. Nun liegt Ihnen Florenz buchstäblich zu Füßen! Die Mitte des Platzes wird beherrscht von einer Kopie von Michelangelos David und den vier allegorischen Statuen der „Morgenröte", des „Tages", der „Abendröte" und der „Nacht". Jetzt ist es Zeit, ein Panoramafoto der vom Arno durchflossenen Stadt zu schießen und an einem der vielen Souvenirstände eine Kitscherinnerung an Ihren Florenzaufenthalt zu kaufen. Am linken Ende vom Piazzale liegt eine kleine Bar mit Aussichtsterrasse – falls Sie eine kleine Erfrischung brauchen. Wenn Sie Florenz im Mai besuchen, haben Sie Glück und sollten sich keinesfalls einen Blick in den **Giardino dell'Iris** *(www.irisfirenze.it)* rechts unterhalb des Piazzale entgehen lassen, der nur in diesem Monat geöffnet wird. 1500 Schwertlilien stehen dann in voller Blüte.

8 Porta San Niccolò

Von hier gehen Sie anschließend den hübschen und ruhigen **Viale Poggi hinunter.** Die serpentinenreiche Terrassenstraße endet am ehemaligen Stadttor **8 Porta San Niccolò**. **Hier biegen Sie links ein,** und schon bald erkennen Sie auf der gegenüberliegenden Flussseite den großen Bau der Nationalbibliothek. Nach der nächsten Brücke steht links die kleine Chiesa Evangelica Luterana *(Gottes-*

dienst So 10 Uhr), Ende des 19. Jhs. für die evangelische Gemeinde erbaut. Zu ihrer Einweihung war sogar Kaiser Wilhelm II. anwesend. Am gegenüberliegenden Ufer werden jetzt die Arkaden des Piazzale degli Uffizi sichtbar, und Sie können gut den Verlauf des Corridoio Vasariano → S. 29 sehen, der sich von dort über den Ponte Vecchio bis anschließend zum Palazzo Pitti hinzieht. Wenige Meter weiter **an der Piazza Santa Maria Sopr'Arno** liegt direkt am Fluss die 9 INSIDER TIPP **Golden View Open Bar** *(tgl. 7.30–1.00 Uhr | Via dei Bardi 58 | Tel. 0 55 2 14 5 02 | www.goldenviewopenbar.com)*, in der Sie die Tour in unmittelbarer Nähe zum 1 **Ponte Vecchio** ausklingen lassen können.

9 Golden View Open Bar

1 Ponte Vecchio

3 MIT DEM BUS NACH SAN DOMENICO UND FIESOLE

START: 1 Piazza San Marco
ZIEL: 11 Perseus Fiesolano

Strecke: 8,2 km

1 Tag
reine Geh-/Fahrzeit
1½ Stunden

KOSTEN: Bus *biglietto 24 ore* 5 Euro, Museumseintritte 10–17 Euro
MITNEHMEN: Fotoapparat, im Sommer Sonnenschutz

ACHTUNG: Die reine Fahrzeit nach Fiesole beträgt nur knapp 30 Minuten.

★ Fiesole ist ein Must für Florenzbesucher! Der kleine, 295 m hoch gelegene Ort wurde lange vor Florenz von den Etruskern gegründet. Das gut erhaltene Amphitheater, Reste römischer Thermen und Teile der etruskischen Stadtmauer zeugen von der glorreichen Vergangenheit Fiesoles.

11:00 **Nehmen Sie den Bus Nr. 7 an der 1 Piazza San Marco, Ecke Via La Pira**. Nach kurzer Fahrt durch die Florentiner Vorstadt beginnt die von Villen, Gärten und Olivenhainen gesäumte Straße anzusteigen. **Auf halber Höhe erreicht man den Ort San Domenico**, eine Ansammlung von Häusern um den Klosterkomplex 2 **San Domenico** mit einer Kirche aus dem Anfang des 15. Jhs. Steigen Sie hier kurz aus, denn in diesem Kloster lebte und arbeitete der Malermönch Fra' Angelico, ehe er von Cosimo de' Medici nach Florenz berufen wurde, um die Zellen von San Marco auszumalen. Noch heute können Sie

1 Piazza San Marco

2 San Domenico

3 Badia Fiesolana

4 Fiesole

5 Kloster San Francesco

in San Domenico in der ersten linken Kapelle das von ihm geschaffene große Altarbild sowie im Kloster ein Kreuzigungskruzifix bewundern. **Gegenüber der Kirche führt die Via di Badia,** eine schmale, steile Straße, **hinab ins Tal des Mugnone. Nach wenigen Metern liegt links die 3 Badia Fiesolana** *(Mo–Fr 9–17.30, Sa 9–12.30 Uhr)*, eine beeindruckende romanische Kirche, die bis 1026 der Dom von Fiesole war. Heute ist hier die **Europa-Universität** *(www.iue.it)* untergebracht.

Wieder im Bus, **steigt die Panoramastraße von San Domenico weiter an,** und der Blick reicht über die Stadt bis zu den Hügeln des Chianti im Süden und zum Höhenzug des Pratomagno im Osten, auf dessen Kuppen im Frühjahr manchmal noch Schnee liegt. Nach der engen Haarnadelkurve zeigt sich **rechts oben am Hang** die Loggia des Hotels Villa San Michele → S. 94. Am Entwurf dieses einstigen Klosters war Michelangelo beteiligt. Die aussichtsreiche Lage ist unbezahlbar, das Hotel leider auch. **Nach der letzten Kurve hält der Bus auf der Piazza von 4 Fiesole.** Hier ist Endstation!

12:00 Unübersehbar ist die mächtige, 1028–56 erbaute **Cattedrale di San Romolo** *(tgl. 7.30–12 und 15–18, im Winter bis 17 Uhr)* und das stattliche **Priesterseminar** im Nordwesten des Platzes. Der **Palazzo Vescovile** (erzbischöflicher Palast) mit seiner schönen Freitreppe und den hier so ungewöhnlichen Palmen scheint geradezu in die Ecke gedrückt. **Zwischen Priesterseminar und erzbischöflichem Palast führt eine steile Straße hinauf zum 5 Kloster San Francesco** *(Mo–Sa 9–12 und 15–19, im Winter bis 18, So 9–11 und 15–18 Uhr)* von 1330. An diesem INSIDER TIPP mit 345 m höchsten Punkt der Gegend erhob sich schon zu Zeiten der Etrusker und der Römer eine Akropolis. An einem klaren Tag haben Sie von hier oben einen Rundblick über die ganze Stadt bis zu den Gebirgszügen der Apuanischen Alpen. Der Aufstieg lohnt in jedem Fall!

Zurück auf der Piazza gehen Sie zu 6 **Mastrocigliegia** *(Piazza Mino da Fiesole 3)*. Seine Keramik ist einfach bezaubernd! Boutiquen, Geschäfte mit schönem Kunsthandwerk, Lebensmitteln und Schuhen ziehen sich den Platz hinauf. **An höchster Stelle** steht das wappengeschmückte **Rathaus**, daneben die kleine Kirche **Santa Maria Primerana** (16. Jh.), davor ein Reiterstandbild mit Vittorio Emanuele II. und Garibaldi. Nun können Sie den kleinen Hunger bei 7 **Vinandro** *(tgl. 12–24 Uhr | Piazza Mino da Fiesole 33 | Tel. 05 55 91 21 | www.vinandrofiesole.com | €–€€)* stillen.

6 Mastrocigliegia

7 Vinandro

]**An der Apsis des Doms vorbei** erreichen Sie die interessante und schön gelegene 8 **Area Archeologica** *(Nov.–Feb. Mi–Mo 10–14, März und Okt. tgl. 10–18, April–Sept. tgl. 10–19 Uhr | Eintritt Mo–Do 8 Euro, Fr–So 10 Euro, Sammelticket mit Museo Bandini 12 Euro | www.museidifiesole.it)*. Legen Sie hier eine Erholungspause mit Kultureinlage im Grünen ein. Auf einem Parkareal von 30 000 m^2 wurden bedeutende Zeugnisse aus etruskischer und römischer Zeit freigelegt, darunter Tempel- und Thermenanlagen. Das großartige **Teatro Romano**, das früher 3000 Menschen Platz bot, ist noch heute ein beliebter Ort für die sommerlichen INSIDER TIPP Theater- und Ballettaufführungen der **Estate Fiesolana** → S. 115. Sehenswert sind auch

8 Area Archeologica

Im Teatro Romano von Fiesole dient die Landschaft als Bühnenbild – schöner geht es kaum

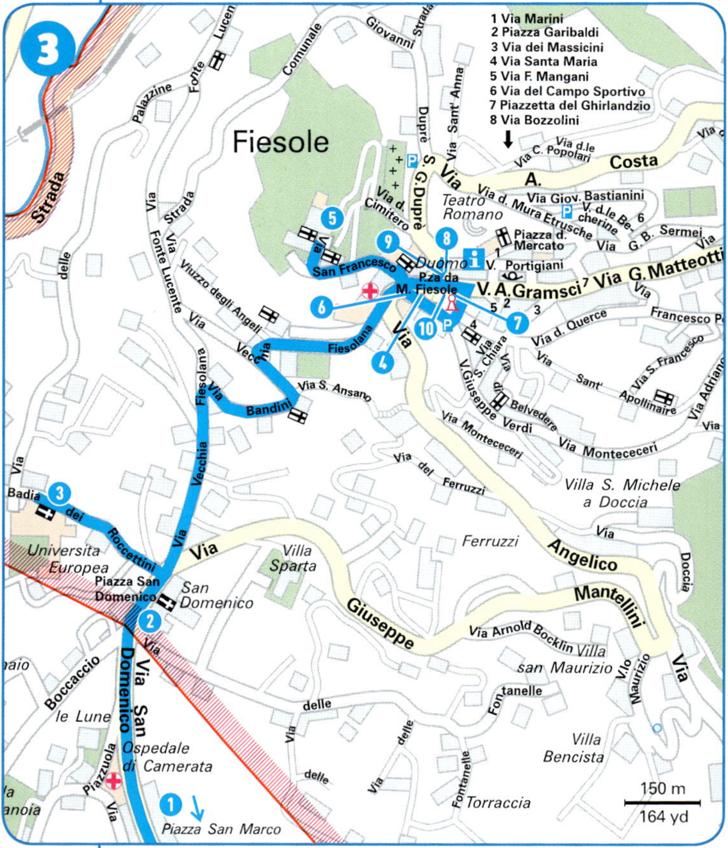

> **9 Museo Bandini**

> **10 Perseus Fiesolano**

die in diesem Gebiet gemachten Funde, die im angeschlossenen Museum ausgestellt werden.

Gegenüber vom Eingang der Area Archeologica liegt das **9 Museo Bandini** *(Fr–So, Nov.–Feb. 10–17, März und Okt. 10–18, April–Sept. 10–19 Uhr | Eintritt 5 Euro, Sammelticket mit Area Archeologica 12 Euro | www.museidifiesole.it)* mit einer kleinen, aber guten Sammlung von Werken Florentiner Künstler des 13.–15. Jhs. Nach so vielen Eindrücken haben Sie sich eine saftige *bistecca alla fiorentina* im Restaurant **10 Perseus Fiesolano** *(tgl. | Piazza Mino da Fiesole 9 | Tel. 05 55 91 43 | €€)* verdient! Im Sommer wird hier die gute toskanische Küche im hübschen Garten serviert.

4 SHOPPEN WIE DIE FLORENTINER

START: ❶ Piazza della Repubblica
ZIEL: ❿ Piazza Beccaria

Strecke: 4,3 km

1/2 Tag
reine Gehzeit
1 Stunde

KOSTEN: Eintritt Sinagoga und Museo Ebraico 6,50 Euro

ACHTUNG: Sowohl der ❻ Mercato di Sant'Ambrogio als auch der nahe Trippaio-Kiosk sind am Sonntag geschlossenn

Shopping in Florenz ist ein wahres Vergnügen! Es gibt für jeden Geldbeutel etwas – ob ein kleines Souvenir oder exklusive Markenklamotten. Wollen Sie jedoch einmal wie die Florentiner durch die abgelegenen Gassen flanieren, einkaufen, einen *caffè* an der Ecke trinken und jenseits von Touristenscharen etwas Kleines essen? Dann verlassen Sie das Stadtzentrum in Richtung Osten.

11:00 Schlendern Sie von der ❶ **Piazza della Repubblica** **durch die quirlige Via del Corso,** vorbei an der kleinen Kirche ❷ **Santa Maria de'Ricci** aus dem frühen 16. Jh., aus der oft klassische Musik tönt und zum kurzen Reinhören einlädt. Kleine Boutiquen und Enotheken locken schon hier zum Shoppen. Die Auswahl an hochklassigen Modemarken bei **Matucci** ist verführerisch, **Fabriano** verkauft Schreibartikel vom Feinsten, in der **Galleria del Chianti** finden Sie nicht nur gute Weine, Olivenöl und andere Delikatessen, und **Lush** betört Sie schon auf der Straße mit dem Duft seiner handgefertigten Kosmetikprodukte.

❶ Piazza della Repubblica

❷ Santa Maria de'Ricci

Spazieren Sie immer geradeaus weiter durch den schattigen Borgo degli Albizi, vorbei am pompösen Palazzo Ra-

Startpunkt Piazza della Repubblica

Der tägliche Trödelmarkt von Piazza dei Ciompi ist ebenso beliebt wie das Café gegenüber

❸ Torre dei Donati

❹ Sbigoli Terrecotte

❺ Trödelmarkt

❻ Mercato di Sant'Ambrogio

❼ Sinagoga

mirez Montalvo, in dem das renommierte Auktionshaus Pandolfini seinen Sitz hat. **An der Piazza San Pier Maggiore** steht noch einer der ehemaligen Geschlechtertürme der Stadt, die **❸ Torre dei Donati** aus dem 13. Jh., heute Unesco-Welterbe. In seinen oberen Stockwerken hatte einst der „Maler der Könige" Pietro Annigoni (1910–88) sein Atelier. Jetzt hat dort die 1806 gegründete **Antica Macelleria Falorni → S. 65** aus Greve in Chianti ihren Florentiner Sitz. Die vorzüglichen Erzeugnisse dieser Traditionsschlachterei, vor allem Wildschwein, können Sie eingeschweißt mitnehmen oder vor Ort probieren. Lieben Sie Keramik? Dann machen Sie einen **Schlenker nach links durch die niedrige Volta di San Piero** zu **❹ Sbigoli Terrecotte → S. 76**. An der Piazza Salvemini ist **INSIDER TIPP Vestri** ein Eldorado für Schokoladenliebhaber.

Durch die Via Pietrapiana verlassen Sie jetzt langsam das Zentrum. Zum Stöbern verführt rechter Hand der **❺ Trödelmarkt auf der Piazza dei Ciompi**. Sollte es Zeit zum Mittagessen sein, dann können Sie Ihren Hunger **ein Stückchen weiter,** ebenfalls rechts, in der alten Markthalle des **❻ Mercato di Sant'Ambrogio → S. 79** bei **Rocco** stillen oder am Kiosk auf der gleichnamigen Piazza ein *panino al lampredotto* (Labmagen) oder *trippa* (Kutteln) – seit jeher der Lieblingssnack der Florentiner – verdrücken. Links sehen Sie jetzt die grüne Kupferkuppel der **❼ Sinagoga → S. 61**. Vielleicht haben Sie Lust auf einen kleinen Abstecher in die jüdische Vergangenheit der Stadt. Der Besuch lohnt und ist **über Via dei Pilastri und Via Farini** schnell zu realisieren. **Zurück zur Einkaufszeile.** Es wird jetzt immer untouristisch und bürgerlicher. Die mit kleinen Geschäften gesäumte Straße ändert ihren Namen in **Borgo La Croce.** Wenn Sie jetzt Appetit auf einen Wiener Kaffee und ein gutes Stück Sachertorte haben: Im **8 Caffè Rainer** *(Mo–Fr 8–20, Sa/So 9–20 Uhr | Borgo La Croce 45r | www.pasticceriaaustriaca.it)* bekommen Sie beides! Die Straße endet an der großen **Piazza Beccaria** mit ihrem alten Stadttor. **Bevor Sie den verkehrsreichen Platz überqueren, sollten Sie auf der rechten Seite** zumindest einen Blick in die verführerische Vitrine der winzigen Konditorei **Dolci e Dolcezze** *(Di–Sa 8.30–19.30, So 9–13 Uhr)* werfen.

14:00 **Auf der anderen Seite der Piazza beginnt die 9 Via Gioberti**, eine typische Einkaufsstraße der Florentiner Bürger. Hier finden Sie wirklich alles – von Boutiquen und Juwelieren über Buchhandlungen bis zum Bäcker, Schlachter, Feinkostladen, Fischhändler oder Supermarkt. Dazwischen gibt es Bars und Trattorien. Besonders drei gastronomische Einrichtungen ziehen Florentiner aus der ganzen Stadt hierher: Zunächst gelangen Sie zu **La Cocotte** *(Mo/Di 7.30–20 Uhr, Mi–So 7.30–23 Uhr | Via Gioberti 91r | www.lacocotte.org)*, wo alle Zutaten der Speisen von toskanatypischer Herkunft sind, kurz darauf folgt die besonders gut sortierte Weinhandlung **Enoteca Bonatti** **→ S. 81**. Und für erstklassige Milchprodukte, Käse, Ricotta, Mozzarella etc. aus dem Mugello sollten Sie bei **Il Palagiaccio** *(Mo 16–19.30, Di–Sa 8.30–13, 16–19.30 Uhr | Via Gioberti 9r | www.palagiaccio.com)* vorbeischauen. **Zurück an der 10 Piazza Beccaria** bringt Sie der Elektrobus C2 wieder ins Zentrum.

8 Caffè Rainer

9 Via Gioberti

10 Piazza Beccaria

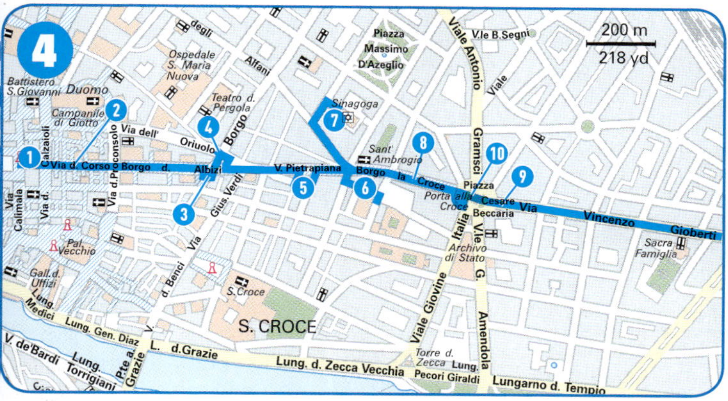

MIT KINDERN UNTERWEGS

Außerordentlich spannend sind für Kinder im *Museo Zoologico „La Specola"* (s. S. 56) die Abteilung der anatomischen Modelle und die der Skelette. Oder interessieren die Mumien im *Museo Archeologico* (s. S. 41) mehr? Wer Kinder mit viel Energie mitbringt, der sollte in jedem Fall auf den Glockenturm oder auf die *Domkuppel* (s. S. 30) steigen!

MUSEO DI STORIA NATURALE

(134 A5) *(🕮 G3–4)*

Das Museum für Geologie und Paläontologie zeigt über 300 000 Fossilien von Wirbeltieren, Wirbellosen und Pflanzen. Beeindruckend besonders für Kinder sind das 4 m hohe Knochengerüst eines Elefanten sowie weitere Skelette großer Säugetiere. *Okt.–Mai Mo/Di und Do/Fr 9–13, Sa/So 10–17, Juni–Sept. Mo/Di und Do/Fr 10–13, Sa/So 10–18 Uhr | Eintritt 6 Euro, ermäßigt 3 Euro | Via Giorgio La Pira 4 | www.msn.unifi.it*

INSIDER TIPP MUSEO STIBBERT

(133 F1–2) *(🕮 F1)*

Stibbert fing gegen 1860 an, ein wahres Raritätenkabinett aufzubauen. 64 Räume seines Hauses sind angefüllt mit Möbeln, Skulpturen, Kostümen und Kuriositäten. Sein Kernstück bildet eine Sammlung von mehr als 10 000 Rüstungen und Waffen aus Europa, Asien und Afrika. In der einem Rittersaal nachempfundenen *Sala della Cavalcata* ist ein Zug von 14 Rittern und Pferden im vollen Harnisch des 16. Jhs. aufgebaut! Die Villa umgibt ein weitläufiger Park, in dem man auch gut picknicken kann. *Park: April–Okt. Fr–Mi 8–19, Nov.–März Fr–Mi 8–17 Uhr | Eintritt frei | Museum: ganzjährig Mo–Mi 10–14, Fr–So 10–18 Uhr | Eintritt 8 Euro, ermäßigt 6 Euro | Via Federigo Stibbert 26 | www.museostibbert.it | Bus 4 ab Hauptbahnhof*

ORTO BOTANICO (GIARDINO DEI SEMPLICI) (134 A5) *(🕮 G3)*

Der kleine, von Cosimo de'Medici mitten im Zentrum angelegte botanische Garten ist der drittälteste der Welt. Spannend für Kinder sind die fleischfressenden Pflanzen, bemerkenswert auch die über 200 Jahre alte Eiche und die Eibe von 1720! *April–Mitte Okt. Do–Di 10–1, Mitte Okt.–März Sa–Mo 10–17 Uhr | Eintritt 6 Euro, ermäßigt 3 Euro | Via Pier Antonio Micheli 3*

PARCO AVVENTURA VINCIGLIATA

(141 E2) *(🕮 0)*

Der Hochseilgarten im Parco Avventura Vincigliata macht allen Kindern Spaß –

Wohin mit den Bambini? Tipps, wie auch Krabbelkinder, kleine Sportler und Forscher in Florenz Spaß haben können

sie müssen nur mindestens 90 cm groß sein, dann kann's auf die Bäume gehen! *Mitte April–Mai tgl. 10–17, Juni–Mitte Sept. tgl. 10–19, Mitte Sept.–Mitte Okt. Mo–Fr 14–18, Sa/So 10–18, Mitte Okt.–Nov. und März–Mitte April Sa/So 10–17 Uhr | Eintritt 18 Euro, ermäßigt 10–15 Euro | Via Vincigliata 21 | Fiesole | www.treexperience.it | Bus SF*

SPIELPLÄTZE

Leider gibt es in der Stadt nur wenige Spielplätze. Sehr einfach, aber „funktionell" sind die am Stadion **(135 E4)** *(🕮 K3)* *(Viale Manfredo Fanti 4)*, im *Giardino dell'Orticultura* **(134 A3)** *(🕮 G2)* *(tgl. 8.30 Uhr bis Sonnenuntergang | Via Vittorio Emanuele II 4)* mit dem größten und 2013 restaurierten Tepidarium Italiens und auf der Piazza d'Azeglio **(134 B6)** *(🕮 H4)*.

SPORT UND BEWEGUNG

Milleunabici (www.cooperativaulisse.org) vermietet günstig Fahrräder (auch mit Kindersitzen!) an den Bahnhöfen und größeren Plätzen.

Im Sommer von überwiegend jungen Menschen besucht sind die beiden Freibäder *Costoli* **(135 E6)** *(🕮 K4)* *(Juni–Aug. Di–So 10–18, Mo 14–18 Uhr | Eintritt 7 Euro, 7–13 Uhr 5 Euro, unter 6 Jahren frei | Viale Paoli 9 | Tel. 05 56 23 60 27)* in der Nähe des Stadions und *Bellariva* **(141 E3)** *(🕮 L6)* *(Juni–Aug. Mo–Fr 10–18, Sa/So 9.30–19 Uhr | Eintritt 7 Euro, 7–13 Jahre 5 Euro | Lungarno Aldo Moro 6 | Tel. 0 55 67 75 21)*.

INSIDER TIPP VILLA DEMIDOFF

(141 E2) *(🕮 0)*

Toben, picknicken und spazieren gehen kann man im großen Park um die Renaissancevilla von Bernardo Buontalenti. Ein Highlight: der 14 m hohe Riese Apennin. *Juni–Aug. Sa/So 10–19, Mai, Sept./Okt. Sa/So 10–18 Uhr | Eintritt frei | Via Fiorentina 282 | Pratolino-Vaglia | www.provincia.fi.it/pratolino.htm | Bus Nr. 25 von Piazza San Marco/Via La Pira*

EVENTS, FESTE & MEHR

Ob die grandiosen Konzerte des Maggio Musicale Fiorentino, die Sommerfestspiele der Estate Fiesolana, die Schwertlilienschau, die große Antiquitäten-Biennale oder die Weinfeste im Herbst – jeder findet in Florenz etwas nach seinem Geschmack. Alle Events sind unter *www.italiafestival.it* oder *www.fionline.it/turismo* aufgelistet.

FESTE & VERANSTALTUNGEN

MÄRZ/APRIL

25. März (Mariä Verkündigung): Volksfest auf der Piazza della Santissima Annunziata (131 E1) (*🗺 G4*)

Taste *(www.tastefirenze.it):* kulinarische Messe an einem Märzwochenende

Scoppio del Carro am Ostersonntag: Renaissance-Feuerwerksspektaktel, bei dem zwischen Dom und Baptisterium (130–131 C–D3) (*🗺 F4*) ein historischer Karren angezündet wird.

Ende April findet die ***Mostra Internazionale dell'Artigianato*** *(www.mostraartigianato.it)* statt, eine Kunsthandwerksmesse in der Fortezza da Basso (133 D–E4) (*🗺 E–F3*)

Notte Bianca: kostenlose Konzerte, Performances und viele weitere Veranstaltungen in der Nacht zum 1. Mai

MAI/JUNI

★ ***Maggio Musicale Fiorentino*** *(Tickets unter Tel. 055211158 | www.maggiofiorentino.com):* mehrwöchige Festspiele mit Opern, Konzerten und Ballett, kostenloses Abschlusskonzert auf der Piazza della Signoria (130 C4–5) (*🗺 D4*)

Festival Fabbrica Europa *(www.ffeac.org):* internationales Festival in der Stazione Leopolda (132 C5) (*🗺 D3–4*) mit Tanz, Musik und Schauspiel

Mostra dell'Iris *(www.irisfirenze.it):* große Schwertlilienschau – die Wappenblume von Florenz – unterhalb des Piazzale Michelangelo (138 B4) (*🗺 H6*)

INSIDER TIPP ***Artigianato e Palazzo*** *(www.artigianatoepalazzo.it)* am 2. oder 3. Wochenende im Mai im Garten des Palazzo Corsini sul Prato (132–133 C–D5) (*🗺 D–E4*): Verkauf von traditionellem italienischen Kunsthandwerk, das auch vor Ort hergestellt wird.

Calcio in Costume *(www.calciostoricofiorentino.it)* am 24. Juni zu Ehren des Stadtheiligen: Ballspiel der vier Stadtviertel in mittelalterlichen Kostümen auf der Piazza Santa Croce (131 E5) (*🗺 G5*), am Abend ● großes Feuerwerk am Piazzale Michelangelo (138 B4) (*🗺 H6*), das Sie am besten vom anderen Arnoufer aus genießen.

Natürlich wird Kultur in Florenz großgeschrieben, aber auch zahlreiche anders geartete Events zeichnen die Stadt aus

JULI/AUGUST

Florence Dance Festival *(www.florencedance.org):* Tanzfestival im Innenhof des Bargello (131 D4) (*G5*) mit internationalem Programm im Juli

Estate Fiesolana *(www.estatefiesolana.it):* eines der ältesten Festivals Italiens mit Konzert, Theater, Ballett und Film im römischen Theater (141 E2) (*0*)

SEPTEMBER/OKTOBER

INSIDER TIPP ***Festa della Rificolona*** am 7. Sept.: Unzählige Lampions leuchten auf der Piazza della SS. Annunziata (131 E1) (*G4*) und dem Arno.

Festival Internazionale Musica dei Popoli *(www.musicadeipopoli.com)* im Oktober: Musikkultur aus vielen Ländern im Auditorium Flog (141 E3) (*0*)

Biennale Internazionale dell'Antiquariato di Firenze *(www.biennaleantiquariato.it):* alle zwei Jahre stattfindende Antiquitätenmesse im Palazzo Corsini sull'Arno (130 A4) (*E5*) (in Jahren mit ungerader Jahreszahl)

NOVEMBER/DEZEMBER

Festival dei Popoli *(www.festivaldeipopoli.org)* Anfang Dezember: internationales Dokumentarfilmfest

Stagione Lirica *(www.boxofficetoscana.it):* Höhepunkt der Konzert- und Theatersaison auf fast allen Bühnen der Stadt

FEIERTAGE

1. Januar	Neujahr
6. Januar	Dreikönigsfest
März/April	Ostersonntag-/montag
25. April	Tag der Befreiung vom Faschismus
1. Mai	Tag der Arbeit
2. Juni	Tag der Republik
24. Juni	Tag des Stadtpatrons
15. Aug.	Mariä Himmelfahrt
1. Nov.	Allerheiligen
8. Dez.	Mariä Empfängnis
25./26 Dez.	Weihnachten

LINKS, BLOGS, APPS & CO.

LINKS & BLOGS

www.firenzeturismo.it Das offizielle Portal der Stadt informiert über das aktuelle Veranstaltungsprogramm und die Museen, hilft bei der Quartiersuche und bietet umfangreiches Kartenmaterial und Broschüren, darunter Stadtpläne oder Weinführer, kostenlos zum Download an

short.travel/flo1 So nah kommen Sie den berühmten Werken von Giotto, da Vinci, Michelangelo, Tizian oder Caravaggio selbst in den Uffizien nicht. Und hier können Sie diese sogar ganz in Ruhe betrachten

short.travel/flo2 Eine virtuelle Reise mit Dutzenden 360°-Panoramen führt Sie zu den berühmtesten Orten der Stadt. Außerdem können Sie diese in kostenlosen HD-Videos genießen, sich Audioguides herunterladen oder über den Anbieter Radtouren buchen

togo.055055.it Für Smartphones optimierte Website mit Hinweisen zu Parkplätzen, Tankstellen, Staus, Radwegen, WLAN-Hotspots und vielem mehr

short.travel/flo3 Reiseportal mit unzähligen Blogeinträgen, aber auch Bildern und Videos der Community, die von deren Reisen nach Florenz erzählen

blog.luisaviaroma.com Einfach alles, was Sie über aktuelle Modetrends und -events in der Stadt wissen sollten, denn der Modetempel „Luisa Via Roma" ist immer bestens informiert

blog.tianakai.com Unterhaltsamer Blog einer jungen, mit einem Florentiner verheirateten Amerikanerin, die hier über Events, Nightlife, Alltagsepisoden und Kuriositäten wie die Fischpediküre für müde Touristenfüße schreibt (auf Englisch)

short.travel/flo6 Unzählige Reisende geben hier ihre Kommentare zu Restaurants, Hotels und Sehenswürdigkeiten ab

Egal, ob für Ihre Reisevorbereitung oder vor Ort: Diese Adressen bereichern Ihren Urlaub. Da manche sehr lang sind, führt Sie der short.travel-Code direkt auf die beschriebenen Websites. Falls bei der Eingabe der Codes eine Fehlermeldung erscheint, könnte das an Ihren Einstellungen zum anonymen Surfen liegen

short.travel/flo7 Das Stadtmagazin „The Florentine" (engl.) erscheint alle zwei Wochen. Dazu hat sich auf Facebook eine lebendige Community entwickelt

www.marcopolo.de/florenz Alles auf einen Blick zu Ihrem Reiseziel: interaktive Karten, Impressionen aus der Community, aktuelle News und Angebote

VIDEOS & MUSIK

www.vimeo.com/18268458 Romantik für zu Hause: ein Spaziergang durch Florenz bei rot-goldenem Sonnenuntergangslicht

short.travel/flo9 Nicht jeder Florenz-Reisende hat das Glück, den *calcio storico* einmal live mitzuerleben. Schön ist daher das dreiteilige Video „Fußball bis aufs Blut", das dieses Erlebnis und seine Tradition lebendig dokumentiert

short.travel/flo4 Falls Ihr eigener Rechner zu schwach ist: Mit Google Earth fliegen Sie in 3-D-Ansicht über die Stadt. Das Video können Sie in unterschiedlichen Auflösungen bis zur HD-Qualität anschauen

www.vimeo.com/8331012 Florenz steht eigentlich für Sommer, Sonne und Wärme. Doch im Winter 2011 versank die Stadt im Schneechaos: In nur wenigen Stunden fielen 30 cm Schnee. Es gab kaum Räumfahrzeuge, nichts ging mehr und es war gespenstig still. Ein Wintertraum auf Video festgehalten

APPS

Florence Map and Walking Tours Die Stadt zu Fuß erkunden, an allen Ecken etwas Neues entdecken und dabei wissen, wo man das nächste Eis essen kann

Uffizi. The Official Guide Führer für iOS durch die Uffizien, u. a. mit detaillierten Informationen zu den wichtigsten Werken. Nicht auf Deutsch erhältlich

Firenze The Walking City Schöne Stadtspaziergänge nach Themenschwerpunkten, die viele Sehenswürdigkeiten, Kunst, Kultur und Kuriositäten mit einbeziehen

Osterie d'Italia Sind Sie auf der Suche nach dem besonderen Restaurant? Die italienische Slow-Food-Bewegung empfiehlt gute Adressen und lässt Ihnen mit köstlichen Gerichten das Wasser im Munde zusammenlaufen

PRAKTISCHE HINWEISE

ANREISE

Sie nehmen entweder die *Brennerautobahn E 45* (Brenner–Verona–Modena–Bologna), die *Gotthardautobahn E 35* (Lugano–Mailand–Bologna) oder fahren durch Liechtenstein und den San-Bernardino-Tunnel. Verlassen Sie die Autobahn erst an der Ausfahrt Firenze-Certosa. Sie vermeiden so das Chaos der Vororte und fahren über den Piazzale Michelangelo (gut ausgeschildert, aber aufpassen!) hinab in die Stadt *(centro)*.

Die Anreise erfolgt über die Schweiz (Basel–Mailand) oder Österreich (München–Brenner). Die meisten Züge kommen auf dem Hauptbahnhof Santa Maria Novella im Zentrum an, einige halten jedoch auf dem Durchgangsbahnhof Firenze Campo di Marte. Von dort verkehrt ein Pendelzug zum Hauptbahnhof. *www.trenitalia.it, www.italotreno.it*

Vom *Aeroporto Amerigo Vespucci* bringt Sie der Airport-Shuttle *Vola in Bus! (tgl. 6–23.30 Uhr | 6 Euro, hin und zurück 10 Euro)* in 30 Min. zum Hauptbahnhof. Im Taxi beträgt der Preis 20–23 Euro, plus 1 Euro pro Kofferraumgepäckstück. Air Berlin, Air Dolomiti, Lufthansa, Niki, Swiss und Vueling fliegen Florenz direkt an. Mit Easyjet, Ryanair, Eurowings kommen Sie günstig nach Pisa zum *Aeroporto Galileo Galilei*. Von dort verkehren zum Florentiner Hauptbahnhof Direktzüge in unregelmäßigen Abständen *(Fahrzeit 70 Min. | 7,80 Euro)* oder Busse der Linie *Terravision (4,99 Euro | je nach Verkehr 60 Min. Fahrzeit)*. Den Flughafen Bologna steuern Easyjet, Eurowings, Ryanair und Vueling an.

GRÜN & FAIR REISEN

Auf Reisen können auch Sie viel bewirken. Behalten Sie nicht nur die CO_2-Bilanz für Hin- und Rückreise im Hinterkopf *(www.atmosfair.de; de.myclimate.org)* – etwa indem Sie Ihre Route umweltgerecht planen *(www.routerank.com)* – , sondern achten Sie auch Natur und Kultur im Reiseland *(www.gate-tourismus.de; www.ecotrans.de)*. Gerade als Tourist ist es wichtig, auf Aspekte wie Naturschutz *(www.nabu.de; www.wwf.de)*, regionale Produkte, wenig Autofahren, Wassersparen und vieles mehr zu achten. Wenn Sie mehr über ökologischen Tourismus erfahren wollen: europaweit *www.oete.de*; weltweit *www.germanwatch.org*

AUSKUNFT VOR DER REISE

ITALIENISCHE ZENTRALE FÜR TOURISMUS ENIT

Infobroschüren können Sie kostenlos bestellen unter *Tel. 08 00 86 32 35*.

– *Barckhausstr. 10 | 60 325 Frankfurt | Tel. 069 23 74 34 | www.enit.it*

– *Mariahilfer Str. 1b | 1060 Wien | Tel. 01 5 05 16 39 | vienna@enit.it*

– *Uraniastr. 32 | 8001 Zürich | Tel. 04 34 66 40 40 | enit.ffm@t-online.de*

AUSKUNFT IN FLORENZ

Infobroschüren, Stadtpläne und Hotelreservierungen bei den *Infopoints: Piazza Stazione 4* **(130 A2)** *(E4)* | *Mo–*

Von Anreise bis Zoll

Urlaub von Anfang bis Ende: die wichtigsten Adressen und Informationen für Ihre Florenzreise

Sa 9–19, So 9–14 Uhr | Tel. 0 55 21 22 45; Via Cavour 1r (130 C2) *(F4)* *Mo–Sa 9–18 Uhr | Tel. 0 55 29 08 32; Flughafen Aeroporto Amerigo Vespucci/Ankunftshalle | Mo–Sa 9–19, So 9–14 Uhr | Tel. 0 55 31 58 74; Piazza San Giovanni* (131 D3) *(F5)* *| Mo–Sa 9–19, So 9–14 Uhr | Tel. 0 55 28 84 96*
Schriftliche Anfragen: *Via Manzoni 16 | 50121 Firenze | www.firenzeturismo.it*
Für Veranstaltungstipps gibt es die Gratishefte *Informacittà (www.informacitta.it)* und *Firenze dei Teatri (www.firenzedeiteatri.it)* bei den Infopoints. *Firenze Spettacolo* (*www.firenzespettacolo.it)* bietet das monatliche Programm für 2 Euro am Kiosk auf einen Blick. Alle zwei Monate liegt *Florence Concierge Information (www.florence-concierge.it)* kostenlos im Hotel, ebenso *Firenze oggi/Florence today.* Interessant und ebenso gratis in Hotels, Internetpoints, Buchhandlungen oder Sprachschulen erhältlich ist *The Florentine (www.theflorentine.net)* mit Events, Kultur, Essen und Trinken sowie News.
Vielseitige und immer aktuelle Infos zu Florenz und der Toskana bieten die Websites *www.firenzeturismo.it* und *www.eventi-firenze.it*. Tipps zu Shoppen, Sightseeing, Restaurants, Hotels und Ausstellungen finden Sie bei *www.fionline.it*. Eine virtuelle Reise durch die Stadt ermöglicht Ihnen *short.travel/flo11*.

AUTO/MIETWAGEN

Die gesamte Innenstadt ist Mo–Fr 7.30–19.30, Sa bis 18, sowie Juni–Sept. auch Do–Sa 23–3 Uhr nur befahrbar mit Genehmigung der *Polizia Municipale (Piazza della Calza 2* (137 D5) *(D6) | Tel. 05 53 28 34 07 und Piazzale di Porta al Prato 6* (130 C5) *(D3) | Tel. 05 53 28 32 84)*.
Wenn Sie im Zentrum logieren *(Zona ZTL)*, lassen Sie sich im Voraus vom Hotel eine schriftliche Genehmigung ausstellen. An vielen Straßen der Außenbezirke dürfen nur Anwohner parken *(divieto di sosta e parcheggio per non residenti)*. Dort werden Sie abgeschleppt und können nach Zahlung einer beträchtlichen Strafe am nächsten Tag Ihren Wagen in der außerhalb gelegenen (!) *Via Allende 18/20* (137 E2) *(0) (Tel. 05 54 22 41 42 | Bus 57 und 23 ab Hauptbahnhof)* abholen. Ratsam ist es daher, sein Auto sicher zu parken. Allgemein gilt: Blau markierte Parkplätze sind kostenpflichtig (Parkautomat), weiß markierte nur für Anwohner!

WAS KOSTET WIE VIEL?

Eis	**ab 1,70 Euro**	*für eine Portion mit zwei Sorten*
Espresso	**1,10 Euro**	*für eine Tasse Espresso an der Stehbar*
Snack	**ab 8 Euro**	*für einen Mittagsteller in der Bar*
Busfahrt	**1,20 Euro**	*für eine Fahrkarte mit 90 Min. Gültigkeit*
Kutsche	**ab 50 Euro**	*für 20 Minuten Fahrt*
Flughafentransfer	**ca. 20 Euro**	*für ein Taxi in die City (plus Gepäckzuschlag)*

Durchgehend geöffnete Parkplätze gibt es bei der Porta Romana/Oltrarno (136–137 C–D5) *(🗺 D6–7)*. Große, 24 Std. geöffnete Tiefgaragen in der Innenstadt liegen unter dem *Parterre* nahe der Piazza della Libertà *(Einfahrt Via Madonna della Tosse)*, bei der Fortezza da Basso (133 D4) *(🗺 E3) (Einfahrt Piazzale Caduti dei Lager)* und bei der Piazza Beccaria (138 C2) *(🗺 H–J5)*. Am zentralsten sind die Tiefgaragen am Hauptbahnhof (133 D6) *(🗺 E4) (Einfahrt Via Alamanni)*, am Mercato Centrale (130 C2) *(🗺 F4) (Einfahrt Via S. Antonino)* und bei der Stazione Leopolda (132 C5) *(🗺 D4)*. Die Preise variieren von 1,50 Euro/Std. bis 72 Euro/Tag. Mehr Infos unter *www.firenzeparcheggi.it*.

Tankstellen liegen an den Ausfallstraßen *(Mo–Fr 7.30–12.30 und 15 (15.30)–19.30 Uhr)*. Selbstbedienung, meist 24 Stunden geöffnet. Es gibt kein Normalbenzin, nur Super und Diesel – und in den letzten Jahren auch immer mehr Methan- und Flüssiggas. Immer mehr verbreitet ist in Florenz auch Carsharing: *car2go* für 0,29 Euro/Min. oder 59 Euro/24h *(www.car2go.com)*. und *Enjoy* für 0,25 Euro/Min. oder 60 Euro/24h *(www.enjoy.eni.com)*.

Mietwagen sollten Sie am besten schon von Deutschland aus reservieren. Fast alle großen Firmen haben Filialen in Florenz, so z. B. *Avis Autonoleggio* (137 D2) *(🗺 E5) (Borgo Ognissanti 128r | Tel. 0 55 21 36 29 | www.avisautonoleggio.it)*. *City Car Rent* (133 D6) *(🗺 E4) (Via L. Alamanni 3a | Tel. 05 52 39 92 31 | www.citycarrent.org)* vermietet u. a. auch stundenweise preisgünstig Smarts.

Pannenhilfe: *Tel. 80 31 16*; ADAC/ACI: *Tel. (deutschsprachig) 02 66 15 91*

KAHNFAHRTEN

Flusssandfischer haben ihre alten Kähne gemütlich ausgestattet und staken Besucher ca. eine Stunde leise und sicher unter den Brücken hindurch, während sie von vergangenen Zeiten und ihrer mühevollen Arbeit erzählen. Vor allem am Abend, wenn die Paläste entlang der Ufer erleuchtet sind, ist eine Flussfahrt eine selten schöne Art, Florenz zu betrachten! Von Mai bis September – wann immer der Fluss es erlaubt. Minimum 5 Personen. *Pro Pers. 12 Euro | Tel. Info/Buchung über Antonio Bellacci 34 77 98 23 56 | www.renaioli.it*

BANKEN

Banken sind meist Mo–Fr 8.20–13.20, 14.45–15.45 Uhr geöffnet. Die meisten haben Geldautomaten für Kredit- und EC-Karten (Entnahme bis zu 250 Euro tgl.).

DIEBSTAHL

Der Diebstahl von Ausweisen, Fahrzeugen etc. muss umgehend der Polizei oder bei den Carabinieri gemeldet werden. Hauptsitz: *Borgo Ognissanti 48* (137 D2) *(🗺 E5) | Tel. 05 52 48 11*.

FAHRRAD, SEGWAY & VESPA

Florence by bike (133 F5) *(🗺 F3) (Mo–Fr 9–13 und 15.30–19.30, Sa (April–Okt. auch So) 9–19 Uhr | Via San Zanobi 54r | Tel. 0 55 48 89 92 | www.florencebybike.it)* vermietet verschiedene Radtypen. Preisbeispiel: Citybike 3 Euro/Std., 14 Euro/Tag, Mountainbike 4 Euro/Std., 23 Euro/Tag. Segways mietet man bei *Segway Firenze* (130 C4) *(🗺 E5) (Mo–Sa 9–13 und 14–18 Uhr | Via dei Cimatori 9 |*

Tel. 05 52 39 88 55 | www.segwayfirenze.com) für 19 Euro/Std.
Florenz hat die meisten Vespas Italiens – fahren auch Sie z. B. mit einer Vespa 125 zu zweit für 60 Euro/Tag und 150 Euro/Wochenende, vermietet von *Stradanova* **(137 D1)** *(🗺 D4)* *(März–Sept. tgl. 9–18 Uhr, Okt.–Feb. nur nach telefonischer Vereinbarung | Via Il Prato 30 | Tel. 0 55 38 50 45 | mobil 34 97 85 25 32 | www.stradanova.com)*.

FIRENZE CARD

Sehr lohnenswert bei mehrtägigem Besuch: Für 72 Stunden erhalten Sie den einmaligen Eintritt in 67 Museen, Villen und Kirchen der Stadt sowie freie Nutzung aller öffentlichen Verkehrsmittel. Der größte Vorteil: Die Karte vermeidet langes Schlangestehen vor den Museen (direkt zum Eingang gehen und die Karte vorzeigen!). Erhältlich für 72 Euro in Hotels, Museen oder online *(www.firenzecard.it)*, nach dem Kauf auf der Rückseite ausfüllen. Die 72 Stunden laufen ab Erstbenutzung (Entwertung bei Museumseintritt oder Busfahrt), pro Karte ist ein Minderjähriger inbegriffen.

GESUNDHEIT

APOTHEKEN

24 Std. geöffnet: *Farmacia Comunale No 13* **(130 A1)** *(🗺 E4)* im Hauptbahnhof, *Farmacia Molteni* **(130 C4)** *(🗺 F5)* *(Via Calzaiuoli 7r)* und *Farmacia all'Insegna del Moro* **(130 C3)** *(🗺 F4)* *(Piazza S. Giovanni 20r)*.

KRANKENHAUS

Ambulante Behandlung rund um die Uhr finden Sie beim *Pronto Soccorso* im *Ospedale di Careggi* **(141 E2)** *(🗺 O)* und im *Ospedale Santa Maria Nuova* **(131 E3)** *(🗺 G4)* *(Piazza Santa Maria Nuova 1)*. Für Kinder zuständig ist das *Nuovo Ospedale Meyer* **(141 E2)** *(🗺 O)* *(Villa Ognissanti | Viale Pieraccini 24 | Careggi | Tel. 05 55 66 21)*.

INTERNETCAFÉS & WLAN

Fast alle Hotels bieten WLAN. Die Gemeinde von Florenz hat mittlerweile 450 kostenlose Hotspots in der Stadt aktiviert. Beliebte Internet-Points sind *Internet Train* **(130 C1)** *(🗺 F4)* *(Via Guelfa 54/56r)*, *Via dei Benci 36r* **(131 E5)** *(🗺 G5)*, *Via Porta Rossa 38r* **(130 C4)** *(🗺 F5)* und *Webpuccino* **(133 F5)** *(🗺 F4)* *(tgl. 10–22 Uhr | Via dei Conti 22/r)*.

KONSULATE

DEUTSCHES HONORARKONSULAT

Mo–Fr 9.30–12.30 Uhr | Corso dei Tintori 3 **(131 E6)** *(🗺 G6)* *| Tel. 05 52 34 35 43 | florenz@hk-diplo.de*

ÖSTERREICHISCHES HONORARKONSULAT

Mo–Fr 10–12 Uhr | Lungarno Vespucci 58 **(136 C1)** *(🗺 E5)* *| Tel. 05 52 65 42 22*

SCHWEIZER HONORARKONSULAT

Do, Fr 16–17 Uhr | im Hotel Park Palace | Piazzale Galileo 5 **(137 E6)** *(🗺 F8)* *| Tel. 0 55 22 24 34*

NOTRUFE

Carabinieri (112); Feuerwehr (115); Polizei (Unfall) (113); Notarzt (118)

ÖFFENTLICHE VERKEHRSMITTEL

ATAF-Fahrkarten kaufen Sie in Bars, Tabakläden oder Kiosken und entwerten sie im Bus. Von 21 bis 6 Uhr können Sie diese auch beim Fahrer für 2 Euro kaufen (aufpassen: Er muss kein Restgeld herausgeben können). Schwarzfahren wird mit bis zu 240 Euro bestraft! Kinder bis zu 1 m Größe fahren gratis. Ein Ticket für 90 Min. *(biglietto semplice)* kostet 1,20 Euro, vier Fahrten *(quattro corse)* 4,70 Euro, ein 24 Std. gültiges *biglietto 24 ore* 5 Euro und ein Drei-Tage-Ticket *(biglietto tre giorni)* 12 Euro. Infos erhalten Sie in der Bahnhofshalle *(tgl. 7.30–19.30 Uhr)*. Für Besitzer italienischer Netzbetreiber (Wind, Tim, Vodafone und Tre) ist das neue *mobile ticketing* (1,50 Euro plus SMS-Gebühr) unkompliziert: Vor dem Einstieg einfach eine SMS mit dem Text „ATAF" an 4 88 01 05 schicken, und Sie erhalten nach einigen Sekunden Ihr E-Ticket (90 Min. gültig).

Die Linie eins der Straßenbahn *tramvia* führt vom Hauptbahnhof in den Vorort Scandicci, die zweite, in Bau befindliche Linie soll das Universitätsviertel in Novoli und den Flughafen anbinden.

POST

In alle EU-Länder beträgt das Porto für Briefe und Postkarten 85 Cent. Briefmarken gibt es außer bei der *Posta Centrale* **(130 C4)** *(F5)* *(Via Pelliceria 1)* auch in vielen Tabakläden (Hinweisschild ist ein weißes „T" auf schwarzem Grund).

RAUCHEN

In allen öffentlichen Gebäuden, Bars, Restaurants etc., in denen keine Raucherzone eingerichtet wurde, herrscht wie bei uns striktes Rauchverbot – sonst drohen Strafen von 275 bis 2200 Euro!

RECHNUNGEN & BELEGE

Sie können nur bis zu einer Höhe von Euro 999,99 bar zahlen. Alle Rechnungen und Belege – selbst der Bon für einen *caffè* oder ein Glas Wasser an der Bar – müssen laut Gesetz zur Verhinderung von Steuerbetrug mindestens 100 m mitgeführt werden.

STADTTOUREN

Eine einfache und auch für Kinder aufregende Tour durch Florenz mit vielen Ein- und Aussteigemöglichkeiten bietet *City-Sightseeing Firenze* (s. S. 56) an. Agenturen, die teilweise auch auf Deutsch individuelle Sightseeingtouren für Einzelpersonen und Gruppen zu Fuß oder mit dem Rad durch die Stadt organisieren, sind reservierungspflichtig, z. B. *Florence and Tuscany Tours (Tel. 0 55 21 03 01 | www.florenceandtuscanytours.com)*, *Art Viva Walking Tours (Via dei Sassetti 1 | Tel. 0 55 26 45 03 33 | mobil 32 96 13 27 30 | www.italy.artviva.com)* und *I bike Florence (Via de'Lamberti 1 | Tel. 05 50 12 39 94 | www.ibikeflorence.com)*.

Autorisierte und professionelle Stadtführerinnen arbeiten nach Ihren Wünschen ein individuelles Programm aus, z. B. *Geertje Hansen (mobil 32 88 33 95 50 | www.geertjehansen.it)* und *Susanna Probst (mobil 32 74 58 37 99 | www.stadtfuehrung-florenz.de)*.

Fast eine Stadtrundfahrt ist eine Tour mit dem ● *Elektrobus C3*. Dieser durchquert die kleinen Gassen der Altstadt und bringt Sie auch hinüber auf die andere Seite des Arno. Obendrein ist die Reise fast kostenlos *(1,20 Euro)*.

TAXI

In Florenz ist es beinahe unmöglich, ein Taxi auf der Straße anzuhalten. Entweder Sie rufen ein Funktaxi *(Tel. 0 55 43 90, 0 55 47 98, 0 55 42 42)* oder gehen zu einem Taxistand, z. B. *Hauptbahnhof*

(130 A1–2) (E4), *Piazza della Libertà* (134 A4) (G2), *Piazza della Repubblica* (130 C3–4) (F5), *Piazza San Marco* (134 A5) (G4), *Piazza Santa Maria Novella* (130 A2–3) (E4), *Piazza Santa Trìnita* (130 B4) (E5) und *Porta Romana* (136–137 C–D5) (D7). Der Mindesttarif für ein am Stand bestiegenes Taxi ist 3,30 Euro, für ein telefonisch gerufenes Taxi 5,30 Euro. Ab 22 Uhr, an Sonn- und Feiertagen und für jedes Kofferraumgepäckstück wird ein Aufschlag berechnet. Allein fahrende Frauen erhalten nachts (21–2 Uhr) zehn Prozent Rabatt (nach *sconto* fragen!).

TELEFON & HANDY

Telefonzellen und entsprechend auch Telefonkarten findet man nur noch wenige. Eine Telefonkarte *(scheda telefonica)* gibt es in Tabakläden und Kiosken; vor Benutzung muss die perforierte Ecke abgetrennt werden! Für Auslandsgespräche im Festnetz benutzen Sie am besten eine *scheda telefonica internazionale,* die preisgünstiger ist. Erkunden Sie sich über das günstigste Netz vor Ort und programmieren Sie Ihr Handy dementsprechend. Die Ortsvorwahl ist in Italien Bestandteil der Telefonnummer und muss somit immer (auch die Null!) mitgewählt werden. Vorwahl nach Italien 0039, von Italien nach Deutschland 0049, nach Österreich 0043, in die Schweiz 0041; R-Gespräche unter *Tel. 0800 172490*.

ZOLL

Für EU-Reisende sind sämtliche Waren für den persönlichen Bedarf zollfrei. Für Schweizer und bei der Durchfahrt durch die Schweiz sind 200 Zigaretten oder 50 Zigarren oder 250 g Tabak sowie 1 l Spirituosen über 15 Prozent und 2 l unter 15 Prozent zollfrei.

WETTER IN FLORENZ

	Jan.	Feb.	März	April	Mai	Juni	Juli	Aug.	Sept.	Okt.	Nov.	Dez.
Tagestemperaturen in °C	8	10	14	19	23	28	31	30	26	19	13	9
Nachttemperaturen in °C	2	3	6	9	13	16	19	19	16	12	7	3
Sonnenschein Stunden/Tag	4	4	5	6	7	9	10	9	7	6	4	4
Niederschlag Tage/Monat	9	7	8	8	9	6	3	4	6	9	11	9

Sonnenschein Stunden/Tag   Niederschlag Tage/Monat

SPRACHFÜHRER ITALIENISCH

AUSSPRACHE

c, cc	vor „e, i" wie deutsches „tsch" in deutsch, Bsp.: dieci, sonst wie „k"
ch, cch	wie deutsches „k", Bsp.: pacchi, che
g, gg	vor „e, i" wie deutsches „dsch" in Dschungel, Bsp.: gente
gl	ungefähr wie in „Familie", Bsp.: figlio
gn	wie in „Kognak", Bsp.: bagno
sc	vor „e, i" wie deutsches „sch", Bsp.: uscita
sch	wie in „Skala", Bsp.: Ischia
z	immer stimmhaft wie „ds"

Ein Akzent steht im Italienischen nur, wenn die letzte Silbe betont wird. In den übrigen Fällen haben wir die Betonung durch einen Punkt unter dem betonten Vokal angegeben.

AUF EINEN BLICK

ja/nein/vielleicht	sì/no/fọrse
bitte/danke	per favọre/grạzie
Entschuldige!/Entschuldigen Sie!	Scụsa!/Scụsi!
Wie bitte?	Cọme dịce?/Prẹgo?
Gute(n) Morgen!/Tag!/Abend!/Nacht!	Buọn giọrno!/Buọn giọrno!/ Buọna sẹra!/Buọna nọtte!
Hallo!/Tschüss!/Auf Wiedersehen!	Ciạo!/Ciạo!/Arrivedẹrci!
Ich heiße ...	Mi chiạmo ...
Wie heißen Sie?/Wie heißt du?	Cọme si chiạma?/Cọme ti chiạmi?
Ich möchte .../Haben Sie ...?	Vorrẹi .../Avẹte ...?
Wie viel kostet ...?	Quạnto cọsta ...?
Das gefällt mir (nicht).	(Non) mi piạce.
gut/schlecht	buọno/cattịvo
kaputt/funktioniert nicht	guạsto/non funziọna
zu viel/viel/wenig/alles/nichts	trọppo/mọlto/pọco/tụtto/niẹnte
Hilfe!/Achtung!/Vorsicht!	aiụto!/attenziọne!/prudẹnza!
Krankenwagen/Polizei/Feuerwehr	ambulạnza/polizịa/vịgili del fuọco
Verbot/verboten/Gefahr/gefährlich	diviẹto/vietạto/perịcolo/pericolọso

DATUMS- & ZEITANGABEN

Montag/Dienstag	lunedì/martedì
Mittwoch/Donnerstag	mercoledì/giovedì
Freitag/Samstag	venerdì/sạbato

Parli italiano?

„Sprichst du Italienisch?“ Dieser Sprachführer hilft Ihnen, die wichtigsten Wörter und Sätze auf Italienisch zu sagen

Sonntag/Werktag/Feiertag	domẹnica/(giọrno) feriạle/festịvo
heute/morgen/gestern	ọggi/domạni/iẹri
Stunde/Minute/Tag/Nacht	ọra/minụto/giọrno/nọtte
Woche/Monat/Jahr	settimạna/mẹse/ạnno
Wie viel Uhr ist es?	Che ọra è? Che ọre sọno?
Es ist drei Uhr./Es ist halb vier.	Sọno le tre./Sọno le tre e mẹzza.
Viertel vor vier/Viertel nach vier	le quạttro mẹno un quạrto/le quạttro e un quạrto

UNTERWEGS

offen/geschlossen	apẹrto/chiụso
Eingang/Einfahrt/Ausgang/Ausfahrt	entrạta/entrạta/uscịta/uscịta
Abfahrt/Abflug/Ankunft	partẹnza/partẹnza/arrịvo
Toiletten/Damen/Herren	bạgno/signọre/signọri
(kein) Trinkwasser	ạcqua (non) potạbile
Wo ist …?/Wo sind …?	Dov'è …?/Dọve sọno …?
links/rechts/geradeaus/zurück	sinịstra/dẹstra/drịtto/indiẹtro
nah/weit	vicịno/lontạno
Bus/Straßenbahn/U-Bahn/Taxi	bus/tram/metropolitạna/tạxi
Haltestelle/Taxistand	fermạta/postẹggio tạxi
Parkplatz/Parkhaus	parchẹggio/parchẹggio copẹrto
Stadtplan/(Land-)Karte	piạnta/mạppa
Bahnhof/Hafen/Flughafen	staziọne/pọrto/aeropọrto
Fahrplan/Fahrschein/Zuschlag	orạrio/bigliẹtto/supplemẹnto
einfach/hin und zurück	sọlo andạta/andạta e ritọrno
Zug/Gleis/Bahnsteig	trẹno/binạrio/banchịna
Ich möchte … mieten.	Vorrẹi noleggiạre …
ein Auto/ein Fahrrad/ein Boot	ụna mạcchina/ụna biciclẹtta/ụna bạrca
Tankstelle/Benzin/Diesel	distributọre/benzịna/gasọlio
Panne/Werkstatt	guạsto/officịna

ESSEN & TRINKEN

Reservieren Sie uns bitte für heute Abend einen Tisch für vier Personen.	Vorrẹi prenotạre per stasẹra un tavọlo per quạttro persọne.
auf der Terrasse/am Fenster	sụlla terrạzza/vicịno ạlla finẹstra
Die Speisekarte, bitte.	Il menù, per favọre.
Flasche/Karaffe/Glas	bottịglia/carạffa/bicchiẹre
Messer/Gabel/Löffel	coltẹllo/forchẹtta/cucchiạio
Salz/Pfeffer/Zucker	sạle/pẹpe/zụcchero
Essig/Öl/Milch/Sahne/Zitrone	acẹto/ọlio/lạtte/pạnna/limọne

kalt/versalzen/nicht gar	frẹddo/trọppo salạto/non cọtto
mit/ohne Eis/Kohlensäure	con/sẹnza ghiạccio/gas
Vegetarier(in)/Allergie	vegetariạno/vegetariạna/allergịa
Ich möchte zahlen, bitte.	Vorrẹi pagạre, per favọre
Rechnung/Quittung/Trinkgeld	cọnto/ricevụta/ mạncia

EINKAUFEN

Wo finde ich ...?	Dọve pọsso trovạre ...?
Ich möchte .../Ich suche ...	Vorrẹi .../Cẹrco ...
Brennen Sie Fotos auf CD?	Vorrẹi masterizzạre dẹlle fọto su CD?
Apotheke	farmacịa
Bäckerei/Markt	fọrno/mercạto
Einkaufszentrum/Kaufhaus	cẹntro commerciạle/grạnde magazzịno
Lebensmittelgeschäft	negọzio alimentạre
Supermarkt	supermercạto
Fotoartikel/Zeitungsladen	artịcoli per fọto/giornalạio
Kiosk	edịcola
100 Gramm/1 Kilo	un ẹtto/un chịlo
teuer/billig/Preis	cạro/econọmico/prẹzzo
mehr/weniger	di più/di mẹno
aus biologischem Anbau	di agricoltụra biolọgica

ÜBERNACHTEN

Haben Sie noch ...?	Avẹte ancọra ...?
Einzelzimmer/Doppelzimmer	ụna (cạmera) sịngola/ụna dọppia
Frühstück/Halbpension/Vollpension	colaziọne/mẹzza pensiọne/ pensiọne complẹta
Dusche/Bad/Balkon/Terrasse	dọccia/bạgno/balcọne/terrạzza
Schlüssel/Zimmerkarte	chiạve/schẹda magnẹtica
Gepäck/Koffer/Tasche	bagạglio/valịgia/bọrsa

BANKEN & GELD

Bank/Geldautomat/Geheimzahl	bạnca/bancomạt/cọdice segrẹto
bar/Kreditkarte	in contạnti/cạrta di crẹdito
Banknote/Münze/Wechselgeld	banconọta/monẹta/il rẹsto

GESUNDHEIT

Arzt/Zahnarzt/Kinderarzt	mẹdico/dentịsta/pediạtra
Krankenhaus/Notfallpraxis	ospedạle/prọnto soccọrso
Fieber/Schmerzen	fẹbbre/dolọri
Durchfall/Übelkeit/Sonnenbrand	diarrẹa/nạusea/scottatụra solạre
entzündet/verletzt	infiammạto/ferịto

Pflaster/Verband/Salbe/Creme	cerotto/fasciatura/pomata/crema
Schmerzmittel/Tablette/Zäpfchen	antidolorifico/compressa/supposta

TELEKOMMUNIKATION & MEDIEN

Briefmarke/Brief/Postkarte	francobollo/lettera/cartolina
Ich brauche eine Telefonkarte fürs Festnetz.	Mi serve una scheda telefonica per la rete fissa.
Ich suche eine Prepaidkarte für mein Handy.	Cerco una scheda prepagata per il mio cellulare.
Wo finde ich einen Internetzugang?	Dove trovo un accesso internet?
Brauche ich eine spezielle Vorwahl?	Ci vuole un prefisso particolare?
wählen/Verbindung/besetzt	comporre/linea/occupato
Steckdose/Adapter/Ladegerät	presa/riduttore/caricabatterie
Computer/Batterie/Akku	computer/batteria/accumulatore
At-Zeichen(„Klammeraffe")	chiocciola
Internetadresse/E-Mail-Adresse	indirizzo internet/indirizzo email
Internetanschluss/WLAN	collegamento internet/wi-fi
E-Mail/Datei/ausdrucken	email/file/stampare

FREIZEIT, SPORT & STRAND

Strand/Strandbad	spiaggia/stabilimento balneare
Sonnenschirm/Liegestuhl	ombrellone/sdraio
Seilbahn/Sessellift	funivia/seggiovia
(Schutz-)Hütte/Lawine	rifugio/valanga

ZAHLEN

0	zero	17	diciassette
1	uno	18	diciotto
2	due	19	diciannove
3	tre	20	venti
4	quattro	21	ventuno
5	cinque	30	trenta
6	sei	40	quaranta
7	sette	50	cinquanta
8	otto	60	sessanta
9	nove	70	settanta
10	dieci	80	ottanta
11	undici	90	novanta
12	dodici	100	cento
13	tredici	1000	mille
14	quattordici	2000	duemila
15	quindici	½	un mezzo
16	sedici	¼	un quarto

CITYATLAS

Verlauf der Erlebnistour „Perfekt im Überblick"
Verlauf der Erlebnistouren

Der Gesamtverlauf aller Touren ist auch in der herausnehmbaren Faltkarte eingetragen

 Bild: Kuppel des Florentiner Doms

Unterwegs in Florenz

Die Seiteneinteilung für den Cityatlas finden Sie auf dem hinteren Umschlag dieses Reiseführers

Stazione F.S. S.Maria Novella (Centrale)
A
B
C
1
2
3
4
5
6
133
137
4 Via Cavalieri
5 Via dei Tavolini
6 Via Santa Margherita
7 Via del Campanile
8 Via della Canonica
9 Vicolo degli Alberighi
10 Vicolo dei Bazar
11 Vicolo dei Cerchi
Piazza Adua
Valfonda
Via Fiume
Via Nazionale
S.Barnaba
Via Panicale
Via Chiara
Via Sant' Orsola
Via Taddea
Via Rosina
Mercato Centrale
Piazza d.Merc. Centr.
Via G.B. Zannoni
S.Jacopino
Via Faenza
Via dell' Ariento
Via Sant' Antonio
Via d. Gonitolfo
B.go la Noce
Via della Stufa
Via del Canto d.Nelli
Cap. Medicee
Piazza della Stazione
L.go F.lli Alinari
Pal. dei Cartelloni
Via L. Alamanni
P.za dell'Unita Italiana
Via d. Amor.
Via d. Melarancio
P.zza d' Madonna degli Aldobrandini
San Lorenzo
Biblioteca Laurenziana
Piazza S.Lorenzo
Giov.d. Scolopi
Borgo S.Lorenzo
V. de Martelli
S. Maria Novella
Obelisco dell'Unita Ital.
Via d. Avelli
V. Panzani
Via del Giglio
Via dell' Alloro
Via dei Conti
Via F. Zanetti
Col.di S.Zanobi
Piazza Santa Maria Novella
V. d. Banchi
1 V. Teatina
2 V. d. Boni
V.d. Rondinelli
Via d. Cerretani
S.M. Maggiore
Battist. San Giov
Via della Scala
Via del Porcellana
Via Palazzuolo
Loggia di S.Paolo
Croce d. Trebbio
V.del Trebbio
Pal. Antin.
P.za Antinori
V.d. Antin.
V.d.Agli
Pal. Orlandini
Via de' Pecori
P.d. Olio
S. Giovanni
Loggia d.Bigallo
Vic. d.Adimari
Ogniss.
Piazza degli Ottaviani
Osp.di S.Giov.di Dio
Via de' Fossi
V.d. Moro
V. d. Sole
Via delle Spada
B.le Donne
S.Gaetano
V.d. Giacom.
V.d.Corsi
V.d. Campidoglio
Via de' Tosinghi
Pal.Viv. d.Robbia
Via Tornabuoni
Via d. Pescioni
Via dei Vecchietti
V. Brunelleschi
Via Roma
P.za d. Via
Borgo Ognissanti
Mus. M.Marini
Pal.Rucellai
Via d. Strozzi
Col.d. Abbondanza
V. d. Speziali
Via de Calzaioli
Vigna Nuova
Pal. Strozzi
P.za Strozzi
Strozzino
Via Sassetti
V.d. Anselmi
Repubbl.
V. Orsanmichele
Lung. A. Vespucci
Via della Vigna
Via dei Purgatorio
Palazzo Corsini
Parione
Pal. Giaconi
V.d. Monaldi
Mus.
Via Pellicceria
3 4 Via de' Lamb.
P.za dei Davanzati
Piazza Goldoni
P.te alla Carraia
Lung. Corsini
S. Trinita
Piazza S.Trinita
Via Porta Rossa
Pal. Davanz.
P.za d. Merc. Nuovo
Via Calimala
V. Calimaruzza
P.Fenzi
V. Vacchereccia
P.za d. Signoria
Piazza N.Sauro
1 Chiasso Altoviti
2 Piazza del Limbo
3 Via delle Bombarde
Col.d. Giustizia
Pal. Spini-Feroni
Borgo S.S. Apostoli
Via Terme
P.d.ParteG.
Ch. Presb.
Pal. Guicciardini
Lung. Guicciardini
P.te S.Trinita
Lung. Santi Apostoli
Lung. Acciaiuoli
V. Porta S.M.
S. Stefano
V. Lambertesca
Log. Lanzi
Via Santo Spirito
Via Maffia
Palazzo Frescobaldi
S. Jacopo
L.Archibusieri
Arco del Carroze
L. Medici
SANTO SPIRITO
Santo Spirito
P.za Frescobaldi
Borgo San Jacopo
Piazzetta d. Angiolieri
Pte Vecchio
Pal. Firidolfi
Via della Sapiti
V. de' Barbadori
Via Maggio
V. de' Bardi
Piazza Santo Spirito
Casa di Bianca
Pal. Ridolfi
Via de' Velluti
Via Sguazza
P.za di S. Felicita
Costa d. Pozzo
Santa Felicita
P.za d. Rossi
C. de' Magnoli
P.za di S. Maria Sopr' Ar
Via Tegolaio
Via Mazzetta
Via de' Pitti
Pal. Corsini
Via Toscanella
V. de Guicciardini
Palazzo Pitti
San Girolamo
Costa di S. Giorgio
Via del Canneto
OLTRARNO
San Giorgio
Piazza San Felice
Piazza de' Pitti

D
E
F
134
1
2
4
5
6
San Marco
Gen.M. Fanti
Università
Santissima Annunziata
Capponi
Via Giuseppe Giusti
Biblioteca Marucelliana
Cavour
Ricasoli
Acc. di Belle Arti
Gall dell' Accademia
Via C. Battisti
P.za d. Ss. Annunziata
Via Ferdinando I
Opif. d. Pietre Dure
Pal. Grifoni
SAN GIOVANNI
Servi
V. d. Fibbiai
Museo Archeologico
Ospedale d. Innocenti
Palazzo Gerini
P.zz F.Brunelleschi
Retonda di S.Maria d. Agnoli
Via Laura
Medici-Riccardi
Pal. Panciatichi
Teatro Reg. Toscano
Pal. Niccolini
Castellaccio
Piazza F. Brunelleschi
Via degli Alfani
Pergola della
Pal. Pucci
Via de' Pucci
Via dei
S. Maria Madd. de' Pazzi
Ospedale Santa Maria Nuova
V. Nuova de' Caccini
Via della Pergola
Crocifissione del Perugino
San Michele Visdomini
S. Egidio
Duomo
Mus. d.Opera d.Duomo
Via Bufalini
P.za S.M. Nuova
Bibl. delle Oblate
Teatro d. Pergola
Borgo
Fiesolana
Campanile
Mus. Storico Topografico
Via S. Egidio
CENTRO
Via dei Pepi
Via
V.F. Portinari
Via dell' Oriuolo
Teatro
Via di
Mus. d'Antrop. e d'Etnol.
V. d. Cicchi
Pal. Altoviti
Volta di S. Piero
Pal. Salviati
Piazza G. Salvemini
Corso
Borgo degli Albizi
V. Pietrapiana
V. del Proconsolo
V. dei Giraldi
Pal. Pazzi-Quaratesi
Palazzo Alessandri
V. d. Seggiole
Via dei Pandolfini
V. M. Palmieri
Via d. Badesse
Verdi
Pepi
V.d. Martiri d.Pop.
Piazza dei Ciompi
Alighieri
Via del Ulivo
Log.d.Pesce
Badia Fiorentina
Pal. Borghese
Via Ghibellina
V. d. Crocif.
Pal. S. Niccolò Quaratesi
V. d. Rosa
Via
Bargello
Via d. Acqua
Teatro G. Verdi
Casa Buonarroti
V. M. Buonarroti
Piazza di San Firenze
Vecchia
V. d. Isola d. Stinche
Via Giuseppe
Allegri
Pal. Gondi
Via dell'
San Firenze
Borgo dei Greci
V. Borgognona
Anguillara
Via dei Lavatoi
Torta
Pal. Serristori
V. Giovanni da Verrazzano
Via de' Fico
Via delle Pinzochere
V. S. Cristofano
Borgo
V.d.Leoni
Castellani
Parlascio
V.d. Magalotti
V.d. Corno
Bentaccordi
P.za Peruzzi
Piazza Santa Croce
Dante
L.go P. Bargellini
Via di S. Giuseppe
Via delle
Log.d. Grano
Via Vinegia
V. d. C. Rivolto
Rustici
Casa d. Peruzzi
Casa d. Antella
Santa Croce
Cappella de'Pazzi
V.del Castello
V. Ostería
Pal. Vita
Via d. Mosca
Via de Neri
Pal. d. Diacceto
V. d. Benci
Borgo S.Croce
Magliabechi
Pal. Rasponi
Pal. Corsini
V.d.Saponai
Piazza Mentana
V. d. Vagellai
P.Bardi-Serristori
V.V. Malenchini
Mus. Horne
Corso d. Tintori
Biblioteca Nazionale
V. Mozza
Volta d. Tintori
Piazza dei Cavalleggeri
Via
L. Gen. Diaz
Lungarno d. Grazie
Chiasso degli Armagnati
Piazza de' Salterelli
Chiasso del Buco
Ponte a. Grazie
Fiume Arno
200 m
219 yd
138
Lung. Torrigiani
Lung. Serristori

A
B
C
1
2
3
4
5
6
PONTE DI MEZZO
SAN JACOPINO
PIGNONE
Palazzo di Giustizia
Giardino
San Donato
Cimitero Israelitico
Palazzetto dello Sport
Univ.
Novoli
Centro Commerciale
Ippodromo del Visarno
Piscina le Pavoniere
Teatro dell' Opera Maggio Musicale Fiorentino
Velodromo
Tennis Club
Teatro Comunale Sferisterio
Stazione Firenze Porta al Prato
Torre della Serpe
Fiume Arno
200 m
219 yd
1 Via Fratelli Zeno
2 Via Traversi
3 Via San Francesco Saverio
4 Via di Brazza
5 Via Felice Brancacci
Viale Alessandro Guidoni
Viale Toscana
Via Enrico Forlanini
Via di Novoli
Via del Ponte di Mezzo
Viale Francesco Redi
Via Francesco Baracca
Via delle Cascine
Via del Ponte alle Mosse
Via Benedetto Marcello
Viale Fratelli Rosselli
Viale degli Olmi
Viale Abramo Lincoln
Via del Pignone
Lungarno del Pignone
Lungarno Amerigo Vespucci
Via San Donato
Via Maragliano
Via Luigi Gordigiani
Via Giovanni Michelucci
Piazza Vittorio Veneto
Piazzale T. Jefferson
Piazza G.Puccini
Piazza del Terzolle
Piazza San Jacopino
Piazza T. Gaddi
Piazza Vittoria Gui
Piazza Dalmazia
Ponte alle Mosse
Pte d. S.Donato
Pte alla Vittoria
Pte delle Cascine
Tranvia 2 in costruzione
15
136
132

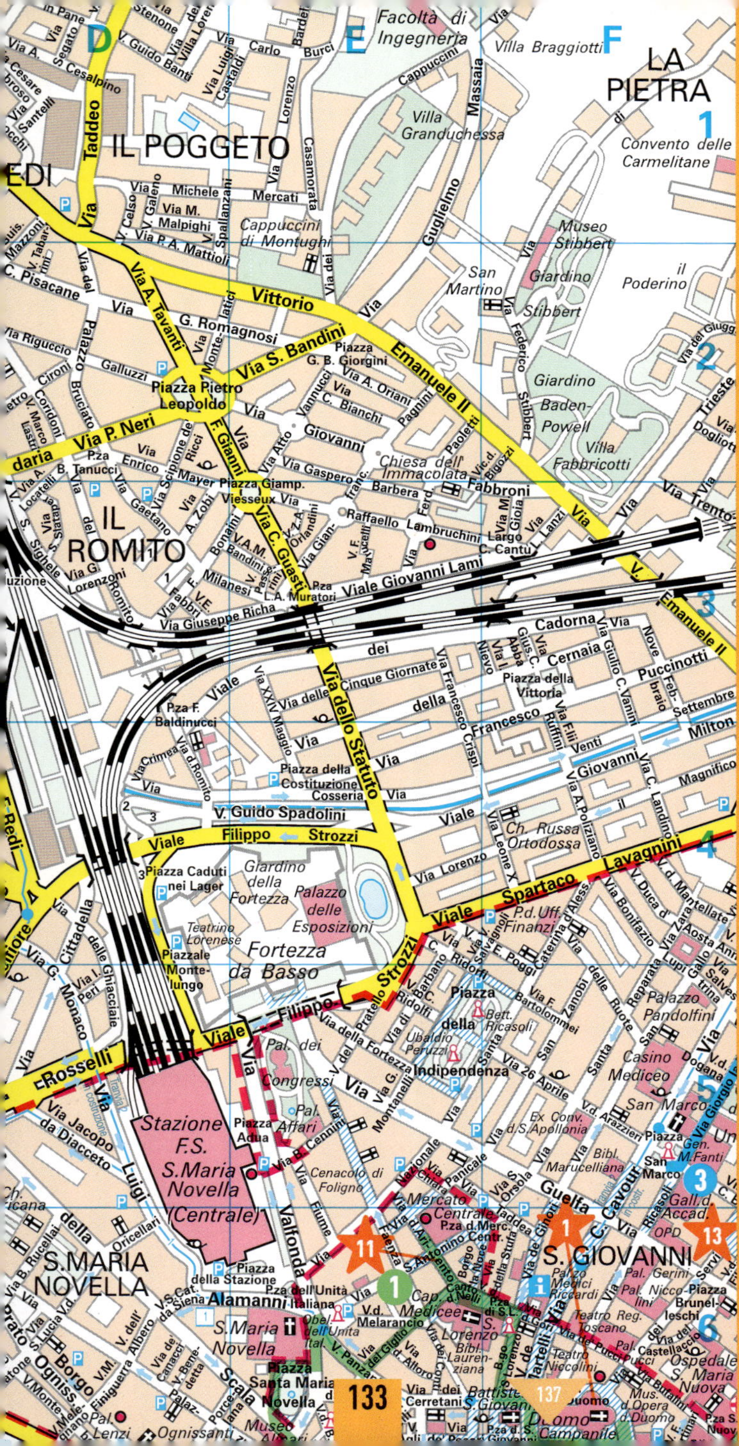
D
E
F
1
2
3
4
5
6
LA PIETRA
IL POGGETO
IL ROMITO
S.MARIA NOVELLA
S. GIOVANNI
Facoltà di Ingegneria
Villa Braggiotti
Convento delle Carmelitane
Villa Granduchessa
Cappuccini di Montughi
Museo Stibbert
Giardino Stibbert
il Poderino
San Martino
Giardino Baden-Powell
Villa Fabbricotti
Chiesa dell' Immacolata
Piazza Pietro Leopoldo
Piazza G. B. Giorgini
Piazza Giamp. Viesseux
P.za L.A. Muratori
Piazza della Vittoria
Piazza della Costituzione
P.za F. Baldinucci
Piazza Caduti nei Lager
Piazzale Montelungo
Giardino della Fortezza
Palazzo delle Esposizioni
Teatrino Lorenese
Fortezza da Basso
Ch. Russa Ortodossa
P.d.Uff. Finanzi
Piazza della Indipendenza
Ubaldio Peruzzi
Bett. Ricasoli
Pal. dei Congressi
Pal. Affari
Piazza Adua
Stazione F.S. S.Maria Novella (Centrale)
Piazza della Stazione
Cenacolo di Foligno
Mercato Centrale
P.za d.Merc. Centr.
Ex Conv. d.S.Apollonia
Bibl. Marucelliana
Casino Mediceo
Palazzo Pandolfini
Piazza San Marco
Gen. M.Fanti
Gall.d. Accad.
OPD
Pal.zo Medici Riccardi
Cap. Medicee
Bibl. Laurenziana
S. Lorenzo
Teatro Reg. Toscano
Teatro Niccolini
Pal. Gerini
Pal. Nicco-lini
Piazza Brunelleschi
Ospedale S. Maria Nuova
Pal. Castellaccio
Mus. d.Opera d.Duomo
Duomo
Campanile
Battistero S.Giovanni
Pza d. S.Giovanni
P.za dell'Unità Italiana
Obel. dell'Unità Ital.
V.d. Melarancio
S.Maria Novella
Piazza Santa Maria Novella
Museo Alinari
Ognissanti
Pal. Lenzi
Via Vittorio Emanuele II
Via Trento
Via Trieste
Via Federico Stibbert
Via Guglielmo Massaia
Via Cappuccini
Via Carlo Bardelli
Via Luigi Castaldi
Via Lorenzo
Via Casamorata
Via Michele Mercati
Via Celso
Via Galeno
Via M. Malpighi
Via Spallanzani
Via P.A. Mattioli
Via dei Cappuccini
Via Taddeo
Via A. Cesalpino
Via A. Tavanti
Via G. Romagnosi
Via S. Bandini
Via A. Oriani
Via C. Bianchi
Via Giovanni Pagnini
Via Paoletti
Via Vic.d. Bigozzi
Via C. Pisacane
Via Riguccio Galluzzi
Via del Palazzo
Via Bruciato
Via P. Neri
Via F. Gianni
Via Scipione de' Ricci
Via Enrico Mayer
P.za B. Tanucci
Via Gaetano Bonaini
Via Atto Vannucci
Via Gasperó Barbera
Via Raffaello Lambruschini
Fabbroni
Largo C. Cantù
Via Lanzi
Via C. Guasti
Via A. Zobi
Via Giuseppe Richa
Viale Giovanni Lami
Via G. Lorenzoni
Via Sighele
Via Cadorna
Via Cernaia
Via Puccinotti
Via Nove Febbraio
Via Venti Settembre
Via Milton
Viale dei Cinque Giornate
Via della Francesco Crispi
Via XXIV Maggio
Via dello Statuto
Via Crimea
Via d.Romito
Via Cosseria
V. Guido Spadolini
Viale Filippo Strozzi
Viale Giovanni Milton
Viale Spartaco Lavagnini
Via Lorenzo il Magnifico
Via Leone X
Via A. Poliziano
Via C. Landino
Via Bonifazio Lupi
Via Duca d'Aosta
Via Mantellate
Via Zara
Via Salvestrina
Via Rosselli
Via Jacopo da Diacceto
Via Luigi Alamanni
Via Valfonda
Via Fiume
Via B. Cennini
Via Nazionale
Via Faenza
Via Montanelli
Via Ridolfi
Via Santa Reparata
Via San Zanobi
Via delle Ruote
Via San Gallo
Via 26 Aprile
Via d.Arazzieri
Via Guelfa
Via Ricasoli
Via C. Cavour
Via Ginori
Via Taddea
Via dell'Ariento
Via S.Antonino
Via Panicale
Via Chiara
Via Sant'Orsola
Via de' Martelli
Via de' Servi
Via dei Pucci
Via de' Cerretani
Via Panzani
Via del Giglio
Via Oricellari
Via della Scala
Via Cittadella
Via delle Ghiacciaie
Via G. Monaco
Via dell'Albero
Via Palazzuolo
Via Borgo Ognissanti
Via de' Fossi
Via Porcellana
11
1
13
137
3

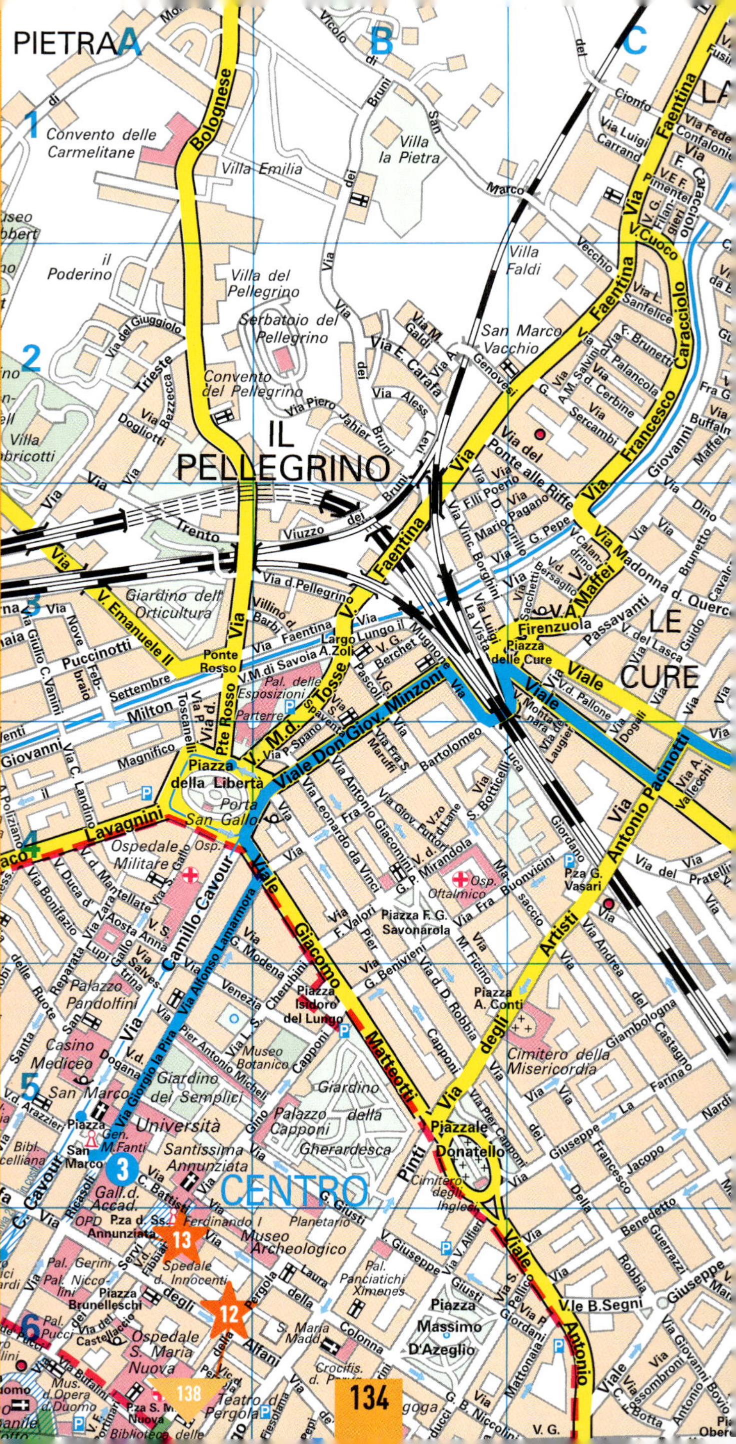
PIETRA
A
B
C
1
2
3
4
5
6
Convento delle Carmelitane
Villa Emilia
Villa la Pietra
il Poderino
Villa del Pellegrino
Serbatoio del Pellegrino
Convento del Pellegrino
Villa Faldi
San Marco Vecchio
IL PELLEGRINO
Via Bolognese
Via Faentina
Via Francesco Caracciolo
Via Madonna d. Querce
Via V. Emanuele II
Via Trento
Giardino dell' Orticultura
Ponte Rosso
Via d. Pte Rosso
Pal. delle Esposizioni
Parterre
Piazza della Libertà
Porta San Gallo
Viale Don Giov. Minzoni
Viale Lavagnini
Piazza delle Cure
LE CURE
Viale Volta
Via Antonio Pacinotti
Via degli Artisti
Pza G. Vasari
Piazza F. G. Savonarola
Osp. Oftalmico
Ospedale Militare
Via Camillo Cavour
Via Alfonso Lamarmora
Viale Giacomo Matteotti
Piazza Isidoro del Lungo
Piazza A. Conti
Cimitero della Misericordia
Palazzo Pandolfini
Casino Mediceo
San Marco
Giardino dei Semplici
Università
Giardino della Gherardesca
Palazzo Capponi
Piazzale Donatello
Cimitero degli Inglesi
Santissima Annunziata
CENTRO
Gall. d. Accad.
Pza d. Ss. Annunziata
Museo Archeologico
Spedale d. Innocenti
Piazza Brunelleschi
Ospedale S. Maria Nuova
Piazza Massimo D'Azeglio
Viale Antonio Gramsci
13
12
138
Teatro d. Pergola

CAMERATA
Fiesole
14
200 m
219 yd
Istituto Silvio Dessi
Villa Palmieri
Villa Bosco Bello
le Terrazze
Villa S. Luigi
3
IL GAROFANO
Villa Magnolia
il Ciliegio
C.R.I. Preventorio A. Torrigiani
Villa Aurora alla Querce
Villa Maria Assunta
Villa Chiari
Villa Camerata (Ostello della Gioventù)
la Squadra
Villa Baldi
Villa Pestellini
Collegio alla Querce
la Favorita
il Frullino
Villa Rasponi
Villa Piazza
Nuovo Gondi
Piazza T.A. Edison
SAN GERVASIO
Istituto Naz. dei Ciechi
Piazza G. Ferraris
P.za Ss. Gervasio e Protasio
Piazza Antonelli
Piazza L. Nobili
Piazza V. Fardella di Torrearsa
Viale Volta
Viale Augusto Righi
Viale dei Mille
Via dei Sette Santi
Via San Gervasio
Via delle Cento Stelle
Viale Calatafimi
Viale Fanti
Viale Manfredo Fanti
Viale Pasquale Paoli
Viale E. Cialdini
Viale Malta
Via S. Domenico
Via Faentina
Scuola Nazionale di Pallavolo
Stadio Artemio Franchi
Campo di baseball
CAMPO DI MARTE
Campo Marte
Stadio Luigi Ridolfi
Campo Sportivo ex Padovani
Campi di tennis
Largo A. Gennarelli
Palazzetto dello Sport Nelson Mandela Forum
Centro C.O.N.I.
Piscina Costoli
FILAROCCA
V. Eleon. Duse
1
2
3
4
5
6
D
E
F
139

A
B
C
132
15
1
2
3
4
5
6
Piazzale T. Jefferson
Teatro Comunale
Piazza Vittoria
Stazione Firenze Porta al Prato
Porta al Prato
Viale d. Narcisio
Catena
Viale Stendhal
Viale degli Olmi
Tennis Club
Sferisterio
Macinante
Vitt. Emanuele II
Viale Fratelli
Torre della Serpe
Via Magenta
Via Solferino
Corso
Viale Abramo Lincoln
Via Scuole
Via del Pignone
Via Giovanni da Montorsoli
Giov. da Montorsoli
Via B. di Giovanni
V. d. Francia-bigio
Piazza P. Uccello
Pte delle Cascine
Piazza Vittorio Veneto
Lungarno del Pignone
Via del Pignone
Via Baccio Bandinelli
Via de Vanni
Pte alla Vittoria
Lungarno
Via del San Sovino
PIGNONE
Via A. Caro
Via del Pignoncino
Via Fiorentino
V.d.Rosso
Piazza T. Gaddi
Via Giov. A. Sogliani
Fiume Arno
Via Jac. Vignali
V. P. Francavilla
Via d.Pal Diavoli
Via Bronzino
Via d.Casa
V.G. Maitani
Via L.
Piazza S. Maria del Pignone
Via d. Fonderia
Lung. di S. Rosa
Via d.Pte Sospeso
Via F. Cavallotti
Via Fra F.Lippi
Via Monticelli
Via di Monticelli
Via del Chiesino
Via Pisana
Piazza Pier Vettori
Via dell' Anconella
Monte Uliveto
MONTICELLI
Villa Strozzi
Villa Monte Uliveto
Viale R. Sanzio
Via Uliveto
Via B. Gozzoli
Via G. Zanella
P.za di Verzaia
Porta S.Frediano
Il Boschetto
Largo del Boschetto
Via Piero Cosimo
Via di Monte
Via di Monte Uliveto
V.le Aleardo Aleardi
Via F. Berni
Viale Lud. Ariosto
SAN FRED
Via Baldovinetti
Via di San Vito
Via di San Vito
Viuzzo di S. Vito
Villa Chiocchini
San Vito
Villa Fioravanti
Via Domenico Burchiello
Via I Pulci
Tana
Villa dello Strozzino
Via di Bellosguardo
Villa Laetizia
Via San Francesco di Paola
Via Villani
Via Giano Della Bella
OLIVUZZO
Villa Brichieri-Colombi
San Francesco
Piazza S.Francesco di Paola
Via del Casone
Villa Mercede
Piazza di Bellosguardo
La Limonaia
Via dei Michelozzi
Villa Papini
Carlo
Piana
Villa Ombrellino
Torre di Montano
Torre di Bellosguardo
Via Ippolito Pindemonte
Villa Bigazzi
BIGAZZI
BELLOSGUARDO
Villa Maria
Via Ugo Foscolo
Via Pietro Metastasio
Via Giovanni Prati
Villa Venturini
Convento di Santa Verdiana
Villa Rangoni
Via Maria a Marignolle
Via la Colombaia
Via delle Campora
Via S. Ilario a Colombaia
Sant'Ilario a Colombaia
VISIBELLI
Via di Santa
MERLI
Villa Fossi
Via P. Mascagni
Vle Cardinal Leopoldo
le Càmpora
Via delle
SAN GAGGIO
Via S. Rita da Cascia
Via di M.te Oliveto
200 m
219 yd

D
E
F
133
Stazione F.S. S.Maria Novella (Centrale)
S.MARIA NOVELLA
S. GIOVANNI
Piazza della Stazione
Alamanni
S.Maria Novella
Piazza Santa Maria Novella
Mercato Centrale
Cap. Medicee
S. Lorenzo
Bibl. Laurenziana
Pal.zo Medici Riccardi
Teatro Reg. Toscano
Piazza Brunelleschi
Battistero S. Giovanni
Piazza del Duomo
Duomo
Campanile di Giotto
Mus. Opera d.Duomo
Teatro Niccolini
Museo Alinari
Ognissanti
Piazza d'Ognissanti
Pescaia di S. Rosa
Vespucci
Pal. Rucellai
Via d. Str. Strozzi
Pal. Strozzi
Piazza della Repubblica
Via d. Corso
Borgo
Orsanmichele
Badia Fiorentina
Piazza della Signoria
Pal. Vecchio
Gall. d. Uffizi
Mus. Galileo
Piazza S. Trinita
L. Corsini
Lungarno Guicciardini
L. Acciaioli
L. Archibusieri
Lung. Medici
L. Gen. Diaz
Pte Vecchio
Pte S. Trinita
Pte alla Carraia
Soderini
San Frediano
Serragli
S. SPIRITO
Santo Spirito
Piazza del Carmine
Santa Maria del Carmine
Pza Piattellina
V. de' Guicciardini
V. de'Bardi
Santa Felicita
Piazza de' Pitti
Palazzo Pitti
Gall. Palatina
OLTRARNO
Mus. Zool. „La Specola"
1 Via da Mori
2 Via Serumido
3 Costa del Pozzo
4 Via del Canneto
5 Via del Forte di San Giorgio
Giardino di Boboli
Viale dei Cipressi
Forte di Belvedere
Fonte del Nettuno
Museo delle Porcellane
Porta San Giorgio
Giardino Bardini
SAN NICCOLÒ
Palazzo Torrigiani
Mus. Bardini
Lung. Torrigiani
Pte a. Grazie
Villa San Leonardo
Villa Razzolini
S.Leonardo in Arcetri
Istituto d'Arte
BOBOLINO
Villa il Gioiello
Serbatoio di Carraia
Villa Franchi
Villa Cora
Viale Niccolò Machiavelli
Piazzale Galileo
Viale Galileo
Giramonte
Viale del Poggio Imperiale
V.le Evangelista Torricelli
Villa Betania
Imperialino
Chalet Fontana
Villa Arrighetti
Villa Capponi
Via della Torre del Gallo
Villa Bolda
1
2
3
4
5
6

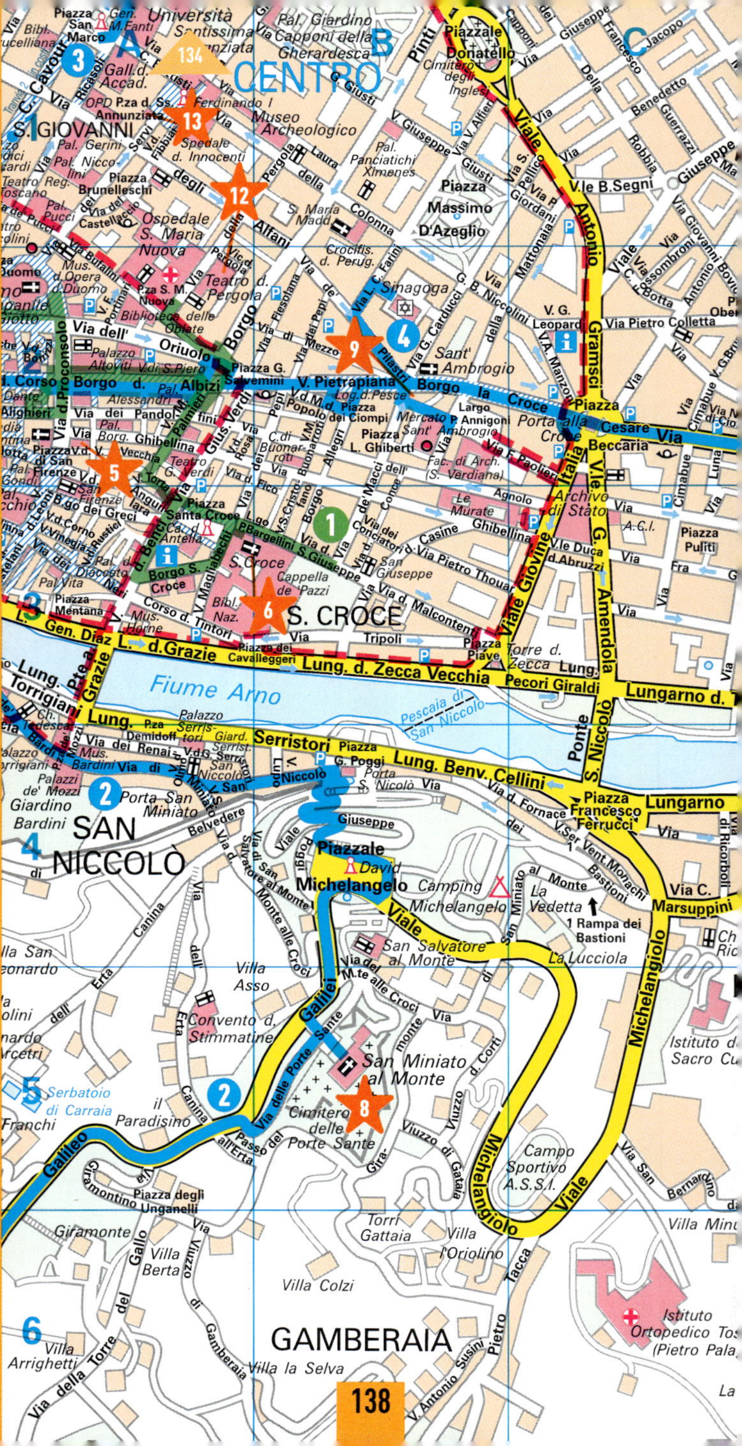
134
A
B
C
CENTRO
Piazza San Marco
Gen. M.Fanti
Università
Santissima Annunziata
Pal. Giardino Capponi della Gherardesca
Piazzale Donatello
Cimitero degli Inglesi
Gall.d. Accad.
OPD
P.za d. Ss. Annunziata
Ferdinando I
Museo Archeologico
S.GIOVANNI
Pal. Gerini
Pal. Nicco-lini
Spedale d. Innocenti
Teatro Reg. Toscano
Piazza Brunelleschi
Ospedale S. Maria Nuova
Pal. Pucci
Pal. Panciatichi Ximenes
Piazza Massimo D'Azeglio
S. Maria Madd.
Crocifis. d. Perug.
Teatro d. Pergola
Mus. d.Opera d.Duomo
P.za S. M. Nuova
Biblioteca delle Oblate
Sinagoga
Duomo
V.le B.Segni
V. G. Leopardi
Via Pietro Colletta
Via dell' Oriuolo
Borgo
Palazzo Altoviti
Sant' Ambrogio
Piazza G. Salvemini
V. Pietrapiana
Borgo la Croce
Piazza Cesare Beccaria
Porta alla Croce
Log.d.Pesce
Piazza dei Ciompi
Mercato P. Annigoni
Largo Sant' Ambrogio
Piazza L. Ghiberti
Fac. di Arch. (S. Verdiana)
Le Murate
Archivio di Stato
Corso
Borgo d. Albizi
Pal. Alessandri
Via dei Pandolfini
Dante Alighieri
Via d.Proconsolo
Pal. Borg.
Via Ghibellina
Teatro G. Verdi
Piazza di San Firenze
C.di Buonarroti
Viale Giovine Italia
A.C.I.
Piazza Puliti
V.le Duca d.Abruzzi
Via Pietro Thouar
Via Ghibellina
Piazza Santa Croce
Ca. d. Antella
S. Croce
Cappella de' Pazzi
Bibl. Naz.
S. CROCE
San Giuseppe
Borgo S. Croce
Mus. Horne
Corso d. Tintori
Piazza Mentana
Via Tripoli
Piazza Piave
Torre d. Zecca
Viale G. Amendola
Piazza dei Cavalleggeri
Lung. d. Zecca Vecchia
Lung. Pecori Giraldi
Lungarno d.
L. Gen. Diaz
L. d.Grazie
Pte. a. Grazie
Lung. Torrigiani
Fiume Arno
Pescaia di San Niccolò
Ponte S. Niccolò
Palazzo Serristori
P.za Demidoff
Giard. Serrist.
Lung. Serristori
Via dei Renai
Bardini
Mus. Bardini
Palazzi de' Mozzi
Giardino Bardini
Porta San Miniato
Piazza G. Poggi
Porta S. Nicolò
Lung. Benv. Cellini
Piazza Francesco Ferrucci
Lungarno
SAN NICCOLÒ
Belvedere
Viale Giuseppe Poggi
Piazzale Michelangelo
David
Camping Michelangelo
La Vedetta
1 Rampa dei Bastioni
Via C. Marsuppini
San Salvatore al Monte
La Lucciola
Villa Asso
Convento d. Stimmatine
San Miniato al Monte
Cimitero delle Porte Sante
Via delle Porte Sante
Viale Galileo
Serbatoio di Carraia
il Paradisino
Campo Sportivo A.S.S.I.
Viale Michelangiolo
Istituto d. Sacro Cu
Piazza degli Unganelli
Giramonte
Torri Gattaia
Villa l'Oriolino
Villa Berta
Villa Colzi
Villa Minu
GAMBERAIA
Villa la Selva
Villa Arrighetti
Via della Torre del Gallo
Via Vincenzo di Gamberaia
Via Antonio Susini
Istituto Ortopedico Tos (Pietro Pala
1
2
3
4
5
6
8
9
12
13

D
E
F
135
1
2
3
4
5
6
FILAROCCA
SAN SALVI
MADONNONE
BELLARIVA
GAVINANA
BANDINO
ORBOLI
LARIONE-
MOCCOLI
Palazzetto
dello Sport
Nelson
Mandela
Forum
Centro
C.O.N.I
Piscina
Costoli
Sportivo
ex Padovani
Largo A.
Gennarelli
Viale Malta
Viale Pasquale Paoli
Viale Fanti
Viale Cialdini
Viale M.
Via Gabriele d'Annunzio
San Salvi
Cenacolo di
Andrea del
Sarto
Via L. Mazzanti
Gioberti
Piazza
L. B. Alberti
Sacra
Famiglia
Via Aretina
Via Lanza
Via Franc. de Sanctis
Lungarno Aldo Moro
Lungarno Cristoforo Colombo
Pte Giov. d. Verrazzano
P.za Ravenna
Francesco Ferrucci
Via di Villamagna
Via Coluccio Salutati
Piazza Gavinana
Viale Donato Giannotti
Via Erbosa
Viale Europa
Via di Ripoli
Via del Paradiso
Villa
Rusciano
Villa Medici
ENAL
Camping
Il Merlo
Bianco
Istituto
Gualandi
Centro
Comerciale
Gavinana
Villa
Fasola
il Ficalbo
il Merlo
Nero
l' Olivuzzo
Villa del
Larione
200 m
219 yd

A
B
C
1
3
4
5
6
Panicaglioria
Femmina-morta
Avaglio
Goraiolo
Marliana
Massa
Cozzile
Uzzano
MONTECATINI TERME
Buggiano
Borgo a Bugg.
Molino Nuovo
Montecatini Valdinievole
Pieve a Nievole
Montecatini Terme
Serravalle Pist.
Serravalle
Casore d.Monte
Sarripoli
Montagnana
Arcigliano
Celle
PISTOIA
Pistoia
Santomoro
Ponzano
Tobbiana (342)
Fognano
Candeglia
Fornace
Fattoria Le Celle
Montale
le Querci
Montemurlo
Agliana
Tucci
Fedi
Bottegone
Narnali
Prato-Ovest
Casale
Iolo
E76
Monsummano Terme
Montevettolini
Cantagrillo
Barba
Olmi
QUARRATA
Casini
Tizzana
Catena
Seano
Tavola
Villa d. Poggio a Caiano
Poggio a C.
Carmignano
Bacchereto
Albinatico
Ponte Buggianese
Chiesina Uzz.
Cintolese
Cecina
Pazzere
Larciano
Bracali
Anchione
S.Rocco
Lamporecchio
Puntoni
Castelletto
Fornello
Mastromarco
Monte Albano
Pistoia
Firenze
Pistoia Prato
la Serra
Comeana
Artimino
Prato
S.Martino in Campo
Lastra a Signa
Galleno
Pinete
Ponte di Masino
Lazzeretto
Vinci
Vitalini
Toiano
Porponi
Cerreto Guidi
S.Ansano
Castellina
Malmantile
Firenze
Pisa
Ponte a Cappiano
Limite
Capraia
Fucecchio
EMPOLI
Fibbiana
Montelupo Fiorentino
S.Croce sull'Arno
Arno
Cortenuova
Castelfranco di Sotto
Marcignana
S.Miniato Basso
Villanova
Scala
Pozzale
Casenuove
Botinaccio
Ponte a Egola
Catena
Ponte a Elsa
Brusciana
S.Romano
Cigoli
Monterappoli
Coeliaula
S.MINIATO
Montopoli in Val d'Arno
Fontanella
Cusignano
Sorrezzana
la Serra
Case Nuove
Marti
Castelnuovo
S.Giovanni a Corazzano
Balconevisi
Cambiano
Vallecchio
Ortimino
Colleoli
Dogana
Coiano
Lungagnana
Gigliola
Chiecinella
Collelungo
Collegalli
Forcoli
Alica
Palaia
S.Stefano
Castelfiorentino
37
Tresanti
Villa Saletta
Firenze
Pisa
Profeti
Elsa
429
Oliveto
Toiano
Tinti dei Mori
Petrazzi
Montebello
Montefoscoli
Sughera
Mura
Varna
Legoli
Egola
Pillo
Catignano
Peccioli
Montaione
Certaldo
Ghizzano
Castelfalfi
Gambassi Terme
Montecchio
Roglio
S.Vivaldo
S.Benedetto
Montecarulli
Firenze
Siena
Montelopio
Cedri
Iano
Bosco Tondo
Pancole
Ulignano
la Sterza
Era
Montignoso
Palagio
Larniano
S.Andrea
il Castagno
Villamagna
Camporbiano
5 km
3.1 mi
Libbiano
Laiatico (205)
S.Gimignano
Cinta Muraria e Torri
Vicarello
Firenze
Pisa
C.Culivardi
S.Lucia
Spedaletto

Vaiano
Quaranta
Lago di Bilancino
Villa Medicea Cafaggiolo
S.Piero a S.
S.Giovanni Magg.
Novoli
Borgo S.Lorenzo
Padule
D
E
F
Prato
Firenze
M. Maggiore 916
l'Isola
S.Pietro in Casaglia
Secciano
Campomigliaio
Tagliaferro
S.Stefano a Corn.
Faltona
Lutiano
Casa di Giotto
Vicchio
S.Leonardo
Casone
Badia
Tassaia
Buonsollazzo
Gricignano
Sagginale
Cistio
S.Cresci
Arliano
S.Martino a Scopeti
Legri
Volmiano
Vaglia
Conv. M.te Senario
Campestri
Carraia
PRATO
M.Morello 934
Paterno
Fontebuona
Bivigliano
Caselline
992 M.Giovi
Tamburino
E35
Pescina
la Querce
Calenzano
Prato - Calenzano
Pratolino
Parco Demidoff
Olmo
Mad. d. Sasso
S.Brigida
Acone S.Eustachio
Bisenzio
Settimello
SESTO FIORENTINO
Montereggi
Galiga
Fornello
Tigliano
Firenze N.
Peretola
Villa d. Petraia
Villa d. Castello
(etrusca Faesulae)
Doccia
S.Pietro a Strada
Castello
Fiesole
Teatro Romano
Duomo
Badia Fiesolana
Molino d.Piano
Piero a P.
S. Fiorentino
Aeroporto Firenze-Peretola
FLR
Brozzi
Careggi
S. Domenico di Fiesole
Fortezza da Basso
Sieci
Pievecchia
Bibbiana
S.Donnino
Mauro
Mantignano
Settignano
Pontassieve
olombano
Firenze Scandicci
Duomo
Pal. d. Uffizi
Pal. Pitti
Villamagna
Rosano
Volognano
Badia a Settimo
SCANDICCI
FIRENZE
BAGNO A RIPOLI
Bobolino
Torri
S.Martino alla Palma
Galluzzo
S.Piero a Ema
Convento d. Incontro
Moriano
Torre a Cona
Certosa di Firenze
Firenze Sud
Grassina
Rignano sull'Arno
Marciola
Chianti
Balatro
S.Clemente
Firenze-Impruneta
Michele a Torri
Chiesanuova
Tavarnuzze
Leccio
S.Andrea a Morgiano
Romola
S. Andrea in Percussina
Cerbaia
Terme di Firenze
Impruneta
S.Stefano a Tizzano
M.Muro 634
Palazzolo
Talente
S.Casciano in Val di Pesa
S.Casciano N.
S.Polo in Chianti
Incisa in V.d'Arno
la Ripa
il Ferrone
Incisa
S.Casciano S.
Strada in Chianti
Greve
Reggello
Massa
Poggio Tondo 788
Mercatale
Chiocchio
Cintoia
Brollo
Bargino
le Quattro Strade
S.Pancrazio
Celle
Fornacette
Montefiridolfi
Rugliana
Figline Valdarno
Dudda
Lucardo
Tavernelle
Fabbrica
Passignano
Gaville
Fiano
Romita
(236)
Greve in Chianti
Noce
Via Chiantigiana
Lucolena
arcialla
Tavarnelle Val di Pesa
Sambuca
Meleto
Vitigliano
Firenze Arezzo
Rignana
Casole
S.Martino
S.Donato
Pesa
Lamole
Barberino V.d'Elsa
Spicciano
Panzano
Campana
Badiaccia a Montemuro
Castelnuovo dei Sabbioni
onte
Tignano
FI-SI Rac.
S.Donato
Sala
Pieve di Panzano
Firenze Siena
Arezzo Siena
S.Filippo
Piazza
Lucarelli
Volpaia
Albola
Cavriglia
Montaio
Cortine
Olena
Castelvecchi
S.Martino
Bugialla
Badia a Coltibuono
Linari
Monsanto
Convento di S.Maria
Poggibonsi N.
Monte Calvario (Tumulo etrusco)
Pietrafitta
Radda in Chianti
Gavignano
Firenze Siena
Poggibonsi C.
Gaiole in Chianti
Talciona
Castellina in Chianti
Strada dei Castelli del Chianti
Lucchese
Meleto

Das Register enthält eine Auswahl der im Cityatlas dargestellten Straßen und Plätze

A
Acciaiuoli, Lungarno **130/B5**
Acqua, Via dell' **131/D4**
Adimari, Vicolo degli **130/C3**
Agli, Via degli **130/B3-137/E2**
Alamanni, Luigi, Via **133/D5-137/D1**
Alberti, Leon Battista, Piazza **139/D2**
Albizi, Borgo degli **131/D4-137/F2-138/A2**
Alderotti, Taddeo, Via **133/D1**
Aleardi, Aleardo, Viale **136/B3**
Alfani, Via degli **131/D1-133/F6-134/A6-137/F1-138/A1**
Alighieri, Dante, Via **130/C4-137/F2**
Alinari, Fratelli, Largo **130/A2**
Allegri, Borgo **131/F5-138/B3**
Alloro, Via dell' **130/B2-133/E6-137/E1**
Amari, Michele, Via **135/F5**
Amendola, Giovanni, Viale **138/C2**
Angiolieri, Piazzetta degli **130/B5-137/E3**
Anguillara, Via dell' **131/D4-137/F3-138/A2**
Anselmi, Via degli **130/B4-137/E2**
Antinori, Piazza degli **130/A3**
Antinori, Via degli **130/B3**
Antonelli, Piazza **135/E4**
Archibusieri, Lungarno **130/C5-137/E3**
Aretina, Via **139/E3**
Ariento, Via dell' **130/B1-133/E5-137/E1**
Ariosto, Ludovico, Viale **136/C3**
Artisti, Via degli **134/B5**
Avelli, Via degli **130/B2**

B
Baccio, Banditelli, Via **132/B6-136/B1**
Banchi, Via dei **130/B3-133/E6-137/E2**
Bandini, Sallustio, Via **133/E2**
Barbacane, Via di **135/E1-E3**
Barbadori, Via de' **130/B5**
Bardi, Via de' **130/B6-C6-137/E3-F3**
Bargellini, Piero, Largo **131/F5-138/A3**
Baroncelli, Chiasso dei **130/C5**
Bartolomeo, Frà, Via **134/B4**
Bassi, Ugo, Viale **135/E4**
Battisti, Cesare, Via **131/E1-133/F5-134/A5-137/F1-138/A1**
Beccaria, Cesare, Piazza **138/C2**
Belfiore, Viale **132/C5**
Belle Donne, Via delle **130/B3-133/E6-137/E2**
Bellosguardo, Via di **136/B3-B4**
Benci, Via dei **131/E6-137/F3-138/A3**
Bentaccordi, Via de' **131/D5**
Boccaccio, Giovanni, Via **134/B3**
Boccherini, Luigi, Via **132/A3**
Bolognese, Via **134/A3**
Bonizzi, Via de' **131/D3-137/F2-138/A2**
Borgognona, Via **131/D5**
Bracciolini, Poggio, Via **139/E4**
Brache, Via de **131/D5**
Bronzetti, Pilade, Via **135/E4**
Bronzino, Via **136/A2**
Brunelleschi, Piazza **131/D2-133/F6-134/A6-137/F1-138/A1**
Brunelleschi, Via **130/C4**
Bruni, Via dei **134/B2**
Bufalini, Via **131/D2-133/F6-134/A6-137/F2-138/A1**

C
Cadorna, Viale dei **133/D3**
Calatafimi, Viale **135/E4**
Calimala, Via **130/C4-137/F2**
Calimaruzza, Via **130/C4**
Calza, Piazza della **137/D5**
Calzaioli, Via dei **130/C4-137/F2**
Campidoglio, Via del **130/B3-137/E2**
Campofiore, Via del **139/D3**
Campora, Via delle **136/B5-B6**
Canto de' Nelli, Via del **130/C2-133/E6-137/E1**
Capo di Mondo, Via **139/D2**
Capponi, Gino, Via **131/E1-134/A5-138/A1**
Caracciolo, Francesco, Via **134/C3-C1**
Carafa, Ettore, Via **134/B2**
Cascine, Via delle **132/A4**
Casone, Via del **136/C4**
Castelani, Via de **131/D5-137/F3**
Castellaccio, Via del **131/D2-133/F6-134/A6-137/F1-138/A1**
Cavalleggeri, Piazza dei **131/E6-138/A3**
Cavour, Camillo, Via **131/D1-133/F6-134/A5-138/A1**
Cavour, Via **130/C2**
Cellini, Benvenuto, Lungarno **138/B4**
Cennini, Bernardo, Via **130/A1-133/E5-137/E1**
Cento Stelle, Via delle **135/E4**
Cernaia, Via della **133/E4**
Cerretani, Via de' **130/B3-133/E6-137/E2**
Cimatori, Via dei **131/D4**
Circondaria, Via **132/C3**
Colombo, Cristoforo, Lungarno **139/D3**
Colonna, Via della **131/E1-134/A6-138/A1**
Condotta, Via della **131/D4**
Conti, Via dei **130/B2-133/E6-137/E1**
Cornino, Chiasso del **130/B4**
Corno, Via del **131/D5-137/F3-138/A3**
Corsi, Via dei **130/B3**
Corsica, Viale **132/C2**
Corsini, Lungarno **130/A4-137/E2**
Corso, Via del **130/C4-137/F2**
Coverelli, Via de' **130/A5**
Crocifisso, Via del **131/E4**
Cuoco, Via **134/C1**
Cure, Piazza delle **134/B3**

D
D'Annuzio, Gabriele, Via **135/E6-139/E1**
Davanzati, Piazza dei **130/B4**
D'Azeglio, Massimo, Piazza **134/B6-138/B1**
De Amicis, Edmondo, Viale **139/E2**
Della Robbia, Via dei **134/B4-B5**
Demidoff, Piazza **137/F4-138/A4**
De Sanctis, Francesco, Via **139/E3**
Diaz, Generale, Lungarno **131/D6-137/F3-138/A3**
Di Credi, Lorenzo, Via **139/E2**
Di Torrearsa, Vincenzo Fardella, Piazza **135/F4**
Donatello, Piazzale **134/B5-138/B1**
Dresda, Piazza **139/F4**
Duomo, Piazza del **130/C3-133/F6-137/F2**
Duse, Eleonora, Viale **135/F5**

E
Edison, Tommaso Alva, Piazza **135/E3**
Enrico, Cialdini, Viale **135/E5**
Erbosa, Via **139/F5**
Europa, Viale **139/F6**

F
Faentina, Via **134/B2-C1-B3**
Faenza, Via **133/E5**
Fanti, Manfredo, Viale **135/E6-139/E1**
Federighi, Via de' **130/A4**
Ferrucci, Francesco, Lungarno **138/C4**
Ferrucci, Francesco, Piazza **138/C4**
Fiesolana, Via **131/F3-138/B2**
Fiordaliso, Via del **130/B5**
Firenzuola, Agnold, Via **134/C3**
Fiume, Via **130/A1-133/E5-137/E1**
Fonderia, Via della **136/C2**
Forbici, Via delle **134/C4-135/D3**
Forlanini, Enrico, Via **132/B2**
Fortini, Benedetto, Via **138/C4**
Foscolo, Ugo, Via **136/C4-B5**
Fossi, Via de' **130/A4-137/E2**
Frescobaldi, Piazza **130/A5-137/E3**

G
Gaddi, Taddeo, Piazza **132/B6-136/B1**
Galilei, Galileo, Viale **137/E6**
Galileo, Piazzale **137/E6**
Gamberaia, Viuzzo di **138/A6**
Gavinana, Piazza **139/E4**
Georgofili, Via dei **130/C5**
Ghibellina, Via **131/D4-F4-137/F2-138/A2-B2**
Giacomini, Via dei **130/B3**
Gianni, Francesco, Via **133/E2**
Gianotti, Donato, Viale **139/E4**
Giglio, Via del **130/B2-133/E6-137/E1**
Ginori, Via dei **130/C2**
Gioberti, Vincenzo, Via **138/C2**
Giovanni, Fabbroni, Via **133/E2**
Giraldi, Pecori, Lungarno **138/C3**
Giraldi, Via de' **131/D4**
Giusti, Giuseppe, Via **134/B6-138/B1**
Goldoni, Piazza **130/A4**
Gondi, Via de' **131/D5**
Gramsci, Antonio, Viale **134/B6-138/C1**
Grazie, Lungarno della **131/D6-137/F3-138/A3**
Greci, Borgo dei **131/D5-137/F3-138/A3**
Guasti, Cesare, Via **133/E3**
Guelfa, Via **133/E5-137/F1**
Guicciardini, Lungarno **130/A4-137/D3**
Guicciardini, Via de **130/B6**
Guicciardini, Via de' **130/B6-137/E3**
Guidoni, Alessandro, Viale **132/A1**

I
Inferno, Via dell' **130/B4**
Isola delle Stinche, Via **131/E4**
Italia, Giovine, Viale **138/C3**

L
Lambertesca, Via **130/C5**
Lamberti, Via de' **130/C4**
Lami, Giovanni, Viale **133/E3**
La Noce, Borgo **130/C2-133/E6-137/E1**
Lapini, Agostino, Via **139/D2**
Larione, Via del **139/D6**
Laura, Via **131/E1-134/A5-138/A1**
Lavagnini, Spartaco, Viale **133/E4**
Leoni, Via dei **131/D5-137/F3-138/A3**
Leopoldo, Pietro, Piazza **133/D2**
Libertà, Piazza della **134/A4**
Lincoln, Abramo, Viale **132/A5-136/A1**
Lulli, Gianbattista, Via **132/B4**
Lungo l'Affrico, Via **135/F3**

M
Machiavelli, Niccolò, Viale **137/D5**
Maddalena, Umberto, Via **132/B1**
Madonna degli Aldobrandini, Piazza d' **130/B2**
Madonna delle Querce, Via **134/C3**
Madonna delle Tosse, Via **134/A4**
Maffei, Via **134/C2-C3**
Magalotti, Via de' **131/D5**
Magellano, Via **132/B1**
Maggio, Via **130/A6-137/E3**
Magliabechi, Via **131/E6-138/A3**
Malenchini, Vincenzo, Via **131/D6**
Malta, Viale **135/D5-139/D1**
Mamiani, Terenzio, Viale **135/F5**
Manetto, Chiasso del **130/C5**
Maraglino, Via **132/B3**
Maratona, Viale **135/E5**
Marcello, Benedetto, Via **132/C4**
Marconi, Guglielmo, Via **134/C4-135/D4**
Mariti, Giovanni Filippo, Via **132/C2-B3**
Marsuppini, Carlo, Via **138/C4**
Martelli, Via de **130/C2-133/F6-137/F2**
Masaccio, Via **134/B3-C4-135/D6-139/D1**
Massaia, Guglielmo, Via **133/E2**
Matteotti, Giacomo, Viale **134/A4**
Mazzetta, Via **130/A6-137/D3**
Mazzini, Giuseppe, Viale **134/C6-138/C2**
Medici, Via dei **130/C3**
Melarancio, Via del **130/B2-133/E6-137/E1**
Mentana, Piazza **131/D5-137/F3-138/A3**
Mercato Nuovo, Piazza del **130/C4**
Mezzo, Via di **131/F3-138/B2**
Michelangelo, Piazzale **138/B4**
Michelangiolo, Viale **138/B4-C6**
Mille, Viale dei **134/C3**
Milton, Giovanni, Viale **133/E4**

Minghetti, Marco, Via **139/E3**
Minzoni, Don Giovanni, Viale **134/B4**
Mirandola, Giovanni Pico, Via della **134/B4**
Monalda, Via **130/B4-137/E2**
Monte di Uliveto, Via **136/B3**
Moro, Aldo, Lungarno **139/E3**
Moro, Via del **130/A4**
Mosca, Via della **131/D5**

N

Nazionale, Via **130/B2-133/E6-137/E1**
Neri, Pompeo, Via **133/D2**
Neri, Via dei **131/D5-137/F3-138/A3**
Ninna, Via della **130/C5-137/F3**
Novelli, Augusto, Via **135/F6-139/F1**

O

Oche, Via delle **130/C3**
Ognissanti, Borgo **133/D6-137/D2**
Ojetti, Ugo, Viale **135/F4**
Olio, Piazza dell' **130/C3**
Olmi, Viale degli **132/A5**
Oriuolo, Via dell' **131/D3-137/F2-138/A2**
Orsanmichele, Via **130/C4**
Osteria, Via **131/D5**
Ottaviani, Piazza degli **130/A3**

P

Pacinotti, Antonio, Via **134/C4**
Palazzuolo, Via **133/D6-137/D1**
Palchetti, Via dei **130/A3**
Pandolfini, Via dei **131/D4-137/F2-138/A2**
Panicale, Via **130/B1-133/E6-137/E1**
Panzani, Via **130/B2-133/E6-137/E1**
Paoli, Pasquale, Viale **135/D5**
Parioncino, Via **130/A4-137/E2**
Parione, Via del **130/A4-137/E2**
Parlascio, Via del **131/D5**
Passavanti, Via **134/C3**
Pecori, Via de' **130/C3-137/E2**
Pellicceria, Via **130/C4-137/E2**
Pepi, Via dei **131/F3-F5-138/B2-A3**
Pergola, Via della **131/E3-134/A6-138/A2**
Peruzzi, Piazza **131/E5**
Pescioni, Via de' **130/B3-137/E2**
Petrarca, Francesco, Viale **136/C3**
Piagentina, Via **139/D3**
Piana, Via **136/B5**
Piazzuola, Via della **135/D2**
Pietrapiana, Via **131/F4-138/B2**
Pignone, Lungarno del **132/B6-136/B1**
Pinti, Borgo **131/E3-138/A2**
Pisacane, Carlo, Via **133/D2**
Pisana, Via **136/B2-A2**
Poggio Imperiale, Viale del **137/D5**
Ponte alla Carraia **130/A4-137/D3**
Ponte alla Vittoria **132/B6-136/B1**
Ponte alle Grazie **131/D6-137/F3-138/A3**
Ponte alle Mosse, Via del **132/A3-C4**
Ponte alle Riffe, Via del **134/B2**
Ponte Amerigo Vespucci **137/D2**
Ponte Giovanni da Verrazzano **139/E4**
Ponte Mezzo, Via del **132/B2**
Ponte Rosso **134/A3**
Ponte Rosso, Via del **134/A4**
Ponte San Niccolò **138/C4**
Ponte Santa Trinita **130/B5-137/E3**
Ponte Sospeso, Via del **136/B2**
Ponte Vecchio **130/B5-137/E3**
Porcellana, Via del **130/A3**
Por Santa Maria, Via **130/C5-137/E3**
Porta Romana, Piazzale di **136/C5**
Porta Rossa, Via **130/B4-137/E2**
Portinari, Folco, Via **131/D3-137/F2-138/A2**
Prato, il **132/C6-137/D1**
Presto, Via del **131/D4**
Presto di San Martino, Via del **130/A6-137/E3**
Proconsolo, Via del **131/D4-137/F2-138/A2**
Pucci, Via de' **131/D2-133/F6-137/F1**
Puccinotti, Francesco, Via **133/E4**
Purgatorio, Via del **130/B4**

R

Ramaglianti, Via de' **130/B6**
Ravenna, Piazza **139/D4**
Redi, Francesco, Viale **132/B3-133/D4**
Repubblica, Piazza della **130/C3-137/E2**
Ricasoli, Chiasso **130/B4**
Ricasoli, Via **131/D2-133/F6-134/A6-137/F1-138/A1**
Righi, Augusto, Viale **135/E3**
Ripoli, Via di **139/F6-D4**
Roma, Via **130/C3-137/F2**
Romagnosi, Giandomenico, Via **133/D2**
Romana, Via **137/D4**
Rondinella, Via della **135/F6-139/F1**
Rondinelli, Via de' **130/B3-133/E6-137/E2**
Rosselli, Fratelli, Viale **132/C6-136/C1**
Rustici, Via dei **131/D5-137/F3-138/A3**

S

Salutati, Coluccio, Via **139/D4**
Salvemini, Gaetano, Piazza **131/E4-138/A2**
San Bernardino da Siena, Via **138/C5**
San Domenico, Via **135/E3**
San Donato, Via **132/A2**
San Felice, Piazza **130/A6**
San Firenze, Piazza di **131/D4-137/F2-138/A2**
San Francesco di Paola, Piazza **136/C4**
San Frediano, Borgo **136/C2**
San Gervasio, Via **135/D4**
San Giorgio, Costa di **130/C6-137/E3**
San Giovanni, Piazza di **130/C3-137/F2**
San Giuseppe, Via di **131/F5-138/B3**
San Jacopo, Borgo **130/B5-137/E3**
San Leonardo, Via di **137/E6**
San Lorenzo, Borgo **130/C2-133/F6-137/F2**
San Lorenzo, Piazza **130/C2**
San Marco, Piazza **133/F5-134/A5**
San Paolino, Via di **130/A3**
San Sovino, Via del **132/A6-136/A1**
Santa Croce, Borgo **131/E5-137/F3-138/A3**
Santa Croce, Piazza **131/E5-138/A3**
Santa Margherita a Montici, Via di **139/D6**
Santa Maria a Marignolle, Via di **136/A6**
Santa Maria Novella, Piazza **130/A2-133/E6-137/E2**
Santa Maria Nuova, Piazza **131/E3-133/F6-134/A6-137/F2-138/A2**
Sant'Antonino, Via **130/B2-133/E6-137/E1**
Santa Rosa, Lungarno di **136/C2**
Santa Trinita, Piazza **130/B4**
Sant'Egidio, Via **131/E3**
Sant'Elisabetta, Via **131/D3**
Santi Apostoli, Borgo **130/B4-137/E2**
Santissima Annunziata, Piazza della **131/E1-134/A6-137/F1-138/A1**
Santo Spirito, Piazza **130/A6-137/D3**
Santo Spirito, Via **130/A5-137/D3**
San Vito, Via di **136/A3**
Sanzio, Raffaello, Viale **136/B2**
Sapiti, Via d' **130/B6**
Saponai, Via dei **131/D5**
Sassetti, Via de' **130/B4**
Sauro, Nazario, Piazza **137/D3**
Savonarola, Girolamo, Frà, Piazza **134/B4**
Scala, Via della **133/D5-137/D1**
Scialoia, Antonio, Via **138/C2**
Serragli, Via de **137/D4**
Serristori, Lungarno **137/F4-138/A3**
Servi, Via dei **131/D3-133/F6-134/A6-137/F2-138/A2**
Sette Santi, Via dei **135/D5**
Signoria, Piazza della **130/C4-137/F3**
Soderini, Lungarno **136/C2**
Sole, Via del **130/B3-137/E2**
Spada, Via della **130/A3-137/E2**
Spadolini, Guido, Via **133/E4**
Speziali, Via degli **130/C4**
Statuto, Via dello **133/E3**
Stazione, Piazza della **130/A2-133/E6-137/E1**
Strozzi, Filippo, Viale **133/D4-D5**
Strozzi, Via degli **130/B3-137/E2**
Studio, Via dello **131/D3**
Stufa, Via della **130/C2-133/F6-137/F1**

T

Taddea, Via **130/C1-133/E5-137/E1**
Tavanti, Angiolo, Via **133/D2**
Tavolini, Via dei (5) **130/C4**
Tegolaio, Borgo **137/D4**
Tempio, Lungarno del **138/C3**
Terme, Via delle **130/B4-137/E2**
Tintori, Corso dei **131/E5-137/F3-138/A3**
Tornabuoni, Via de' **130/B4-137/E3**
Torrigiani, Lungarno **131/D6-137/F3-138/A3**
Torta, Via **131/E4-137/F3-138/A2**
Toscanella, Via **130/A6-137/E3**
Toselli, Pietro, Via **132/A3**
Tosinghi, Via de' **130/C3-137/E2**
Trebbio, Via del **130/B3-133/E6-137/E2**
Trieste, Via **133/F3-134/A3**

U

Uccello, Paolo, Piazza **132/A6-136/A1**
Uffizi, Piazzale degli **130/C5**
Uguccione della Faggiola, Via **139/E5**
Unita Italiana, Piazza dell' **130/A2-133/E6-137/E1**

V

Vacchereccia, Via **130/C4**
Vagellai, Via dei **131/D5**
Valfonda, Via **133/E5-137/E1**
Vasari, Giorgio, Piazza **134/C4**
Vecchietti, Via dei **130/B4**
Veneto, Vittorio, Piazza **132/B6-136/B1**
Verdi, Giuseppe, Via **131/E5-138/A3**
Vespucci, Amerigo, Lungarno **132/C6-136/C1**
Vettori, Pier, Piazza **136/B2**
Viesseux, Giampietro, Piazza **133/D3**
Vigna Nuova, Via della **130/A4-137/E2**
Vigna Vecchia, Via della **131/D4-137/F2-138/A2**
Villa Demidoff, Via della **132/A3**
Villamagna, Via di **139/E4**
Vinegia, Via **131/D5-137/F3-138/A3**
Vittoria, Piazza della **133/F3**
Vittorio Emanuele II, Via **132/C1-133/F3-134/A3**
Volta, Alessandro, Viale **134/C3**

Z

Zanetti, Ferdiando, Via **130/C2**
Zecca Vecchia, Lungarno della **131/F6-138/B3**

KARTENLEGENDE

Autostrada Autobahn	Motorway Autoroute
Strada a quattro corsie Vierspurige Straße	Road with four lanes Route à quatre voies
Strada di attraversamento Durchgangsstraße	Thoroughfare Route de transit
Strada principale Hauptstraße	Main road Route principale
Altre strade Sonstige Straßen	Other roads Autres routes
Parcheggio - Informazioni Parkplatz - Information	Parking place - Information Parking - Information
Via a senso unico - Zona pedonale Einbahnstraße - Fußgängerzone	One-way street - Pedestrian zone Rue à sens unique - Zone piétonne
Ferrovia principale con stazione Hauptbahn mit Bahnhof	Main railway with station Chemin de fer principal avec gare
Altra ferrovia Sonstige Bahn	Other railway Autre ligne
Chiesa interessante - Altra chiesa - Sinagoga ehenswerte Kirche - Sonstige Kirche - Synagoge	Church of interest - Other church - Synagogue Église remarquable - Autre église - Synagogue
Posto di polizia - Ufficio postale - Ospedale Polizeistation - Postamt - Krankenhaus	Police station - Post office - Hospital Poste de police - Bureau de poste - Hôpital
Torre - Monumento Turm - Denkmal	Tower - Monument Tour - Monument
Ostello della gioventù - Campeggio Jugendherberge - Campingplatz	Youth hostel - Camping site Auberge de jeunesse - Terrain de camping
Caseggiato, edificio pubblico Bebaute Fläche, öffentliches Gebäude	Built-up area, public building Zone bâtie, bâtiment public
Zona industriale Industriegelände	Industrial area Zone industrielle
Parco, bosco - Cimitero Park, Wald - Friedhof	Park, forest - Cemetery Parc, bois - Cimetière
Confine della città Stadtgrenze	Municipal boundary Limite municipale
Zona con limitazioni di traffico Zone mit Verkehrsbeschränkungen	Restricted traffic zone Circulation réglementée par des péages
MARCO POLO Giro awentura 1 MARCO POLO Erlebnistour 1	MARCO POLO Discovery Tour 1 MARCO POLO Tour d'aventure 1
MARCO POLO Giro awentura MARCO POLO Erlebnistouren	MARCO POLO Discovery Tours MARCO POLO Tours d'aventure
MARCO POLO Highlight	MARCO POLO Highlight

REGISTER

In diesem Register sind alle im Reiseführer erwähnten Sehenswürdigkeiten und Namen sowie wichtige Straßen und Plätze aufgeführt. Gefettete Seitenzahlen verweisen auf den Haupteintrag.

Accademia di Belle Arti 41
Andrea del Sarto 33
Apennin 15
Area Archeologica (Fiesole) 107
Auditorium Flog 86
Badia Fiesolana 106
Bardini, Stefano 56
Barrett Browning, Elizabeth 41
Battistero (Baptisterium) 24, **28**, 101
Biblioteca delle Oblate 50
Biblioteca Medicea Laurenziana **41**, 45
Boboli, Giardino di **54**, 58
Borgo San Jacopo 72
Botticelli, Sandro 24, 33, 48
Bronzino 33
Brunelleschi, Filippo 15, 24, 30, 44, 48
Buonarroti, Cosimo 50
Calcio Storico 20
Campanile 30
Cappella Brancacci 24, 59
Cappella dei Pazzi (Pazzi-Kapelle) 53
Cappella dei Principi 43, 45
Cappelle Medicee (Medici-Kapellen) **44**, 101
Caravaggio 33, 57
Casa Buonarroti 50
Casa di Dante **29**, 101
Castagno, Andrea del 30
Cellini, Benvenuto 34
Centro di Cultura Contemporanea Strozzina 25
Certosa San Lorenzo di Galluzzo 59
Chiesa Evangelica Luterana 104
Cimitero degli Inglesi 41
Cimitero delle Porte Sante 103
Correggio 33
Corridoio Vasariano 40
Dante Alighieri 29, 53
Donatello 24, 32, 36, 38, 39, 44, 52, 53, 56
Duomo San Romolo (Fiesole) 106
Duomo Santa Maria del Fiore (Dom) **30**, 101, 128
Estate Fiesolana 107
Ex-Stazione Leopolda 88
Ferragamo, Salvatore 35
Fiesole 105
Folon, Jean-Michel 24
Forte di Belvedere **54**, 103
Fortezza da Basso 45, **60**, 114
Fra Angelico 42
Francesca, Piero della 33
Fratellanza della Misericordia 23
Galilei, Galileo 51, 53
Galleria d'Arte Moderna 24, 57
Galleria del Costume 58
Galleria dell'Accademia 41
Galleria Palatina (Palastgalerie) 57
Ghetto 39
Ghiberti, Lorenzo 24, 28, 53
Ghirlandaio, Domenico 38, 42, 47, 48, 49
Giambologna 34, 38
Giardino dei Semplici 112
Giardino dell'Iris 104
Giardino dell'Orticultura 113
Giardino Torrigiani 102
Giorgione 57
Giotto 15, 32, 48, 51, 53
Gozzoli, Benozzo 43
Ippodromo del Visarno 24
Istituto di Storia della Scienza 51
Lippi, Filippino 48, 59
Lippi, Filippo 51
Loggia dei Lanzi **34**, 39, 99
Loggia del Bigallo 34
Loggia del Mercato Nuovo **34**
Loggia del Pesce 51
Loggia dell'Ospedale di San Paolo 46
Machiavelli, Niccolò 38, 53
Maggio Musicale Fiorentino 33, 45, 114
Marini, Marino 46
Masaccio 15, 24, 33, 48, 51, 59
Medici 16, **22**
Medici-Villen 61
Mercato Centrale 78, 101
Mercato di Sant'Ambrogio 79, 110
Mercato San Lorenzo 78
Michelangelo Buonarroti 16, 23, 33, 34, 38, 39, 41, 44, 52, 53, 59
Michelozzo 37, 43, 61
Moore, Henry 24
Mugello 24
Museo Archeologico 41
Museo Bandini (Fiesole) 108
Museo Bardini 56
Museo degli Argenti 58
Museo dei Ragazzi 38
Museo della Casa Antica Fiorentina 36
Museo delle Porcellane 58
Museo dello Spedale degli Innocenti 44
Museo dell'Opera del Duomo 24, **34**, 101
Museo di Storia Naturale 112
Museo Ebraico 61
Museo Galileo 51
Museo Gucci 35
Museo Horne 51
Museo Marino Marini **46**, 100
Museo Nazionale Alinari della Fotografia **46**
Museo Nazionale del Bargello 24, 34, 36, **51**
Museo Novecento 24
Museo Salvatore Ferragamo 35
Museo Stibbert 112
Museo Zoologico LaSpecola 56
Obihall 87
Ognissanti 47
Oltrarno 53
Opificio delle Pietre Dure 43
Orcagna, Andrea 15, 35, 59
Orsanmichele **35**, 99
Orto Botanico 112
Palasport 87
Palazzetto di Belvedere 54
Palazzo Corsi 51
Palazzo Corsini sul Prato 114
Palazzo Corsini sull'Arno 48
Palazzo Davanzati 36
Palazzo dei Vescovi 61
Palazzo dell'Antella 49
Palazzo Medici Riccardi 43
Palazzo Pitti 37, **57**, 102
Palazzo Ramirez Montalvo 110
Palazzo Rucellai 48
Palazzo Spini Feroni 35
Palazzo Strozzi **36**, 100
Palazzo Uguccioni 39
Palazzo Vecchio **37**, 39, 99
Palazzo Vescovile (Fiesole) 106
Parco Avventura Vincigliata 112
Parco delle Cascine 45, **60**, 78
Parmigianino 33
Percorsi segreti (Palazzo Vecchio) 38
Piazza Beccaria 111
Piazza della Repubblica 17, **39**
Piazza della Santissima Annunziata 44
Piazza della Signoria **39**, 98
Piazza S. Spirito 59
Piazza San Marco 41
Piazza Santa Croce 20
Piazzale Michelangelo **60**, 104
Pisano, Andrea 29
Ponte San Niccolò 18
Ponte Santa Trìnita 39
Ponte Vecchio **39**, 102, 105
Pontormo 33
Porta Romana 103
Porta San Niccolò 104
Pratomagno 15, 106
Raphael 16, 33, 57
Rembrandt 33
Robbia, Andrea della 44
Robbia, Luca della 31, 53, 61
Rosso Fiorentino 33
Rubens, Peter Paul 33
Rubens. Peter Paul 57
San Domenico 105
San Francesco (Fiesole) 106
San Lorenzo 24, 43, **44**, 101
San Marco 40, **42**, 46
San Miniato al Monte **60**, 103
San Pancrazio 46
Sangallo, Antonio da 44, 60
Santa Croce 24, 49, **52**, 101
Santa Felicità **59**
Santa Maria de'Ricci 109
Santa Maria del Carmine 24, **59**
Santa Maria Novella 24, **48**, 100
Santa Maria Primerana (Fiesole) 107
Santa Trìnita **49**, **56**
Santissima Annunziata 40, 44
Santissimi Apostoli 40

Santo Spirito 59
Scoppio del Carro 114
Sinagoga **61**, 110
Spedale degli Innocenti 44
Stadio Comunale Artemio Franch 24
Stazione di Santa Maria Novella (Hauptbahnhof) 49
Teatro del Sale 89
Teatro della Limonaia 89
Teatro della Pergola **87**, 101
Teatro di Rifredi 89
Teatro Puccini 89
Teatro Romano (Fiesole) 88, 107
Teatro Verdi 87
Tintoretto 33, 57
Tizian 33, 57
Uccello, Paolo 30
Uffizi, Galleria degli (Uffizien) 24, **32**, 39
van Dyck, Anthonis 33, 57
Vasari, Giorgio 16, 24, 31, 32, 37, 40, 51
Velázquez 57
Veronese 33
Via dei Tornabuoni 45
Via Gioberti 111
Villa Demidoff 113
Villa San Michele (Fiesole) 106
Vinci, Leonardo da 23, 33

SCHREIBEN SIE UNS!

Egal, was Ihnen Tolles im Urlaub begegnet oder Ihnen auf der Seele brennt, lassen Sie es uns wissen! Ob Lob, Kritik oder Ihr ganz persönlicher Tipp – die MARCO POLO Redaktion freut sich auf Ihre Infos.
Wir setzen alles dran, Ihnen möglichst aktuelle Informationen mit auf die Reise zu geben. Dennoch schleichen sich manchmal Fehler ein – trotz gründlicher Recherche unserer Autoren/innen. Sie haben sicherlich Verständnis, dass der Verlag dafür keine Haftung übernehmen kann.

MARCO POLO Redaktion
MAIRDUMONT
Postfach 31 51
73751 Ostfildern
info@marcopolo.de

IMPRESSUM
Titelbild: Santa Maria del Fiore (Look/age fotostock)
Fotos: Gianluca Cecchini (18 M.); Centro Machiavelli: Bianchi Rossella (19 o.); R. Freyer (116 o.); Getty Images/Robert Harding World Imagery: Tondini (4 u.); huber-images: S. Amantini (67, 69), M. Borchi (4 o., 43, 58), P. Canali (Klappe l., 2, 12/13, 30), S. Cellai (14/15, 52/53, 106/107), G. Cozzi (56/57, 74, 81, 102/103), Gräfenhain (35), J. Huber (8, 25), S. Kremer (32), A. Piai (62/63), S. Raccanello (98/99), M. Rellini (37, 38, 40), Giovanni Simeone (10/11, 51, 114/115), O. Stadler (23); © iStockphoto: Evgeni Parushin (19 u.); Laif (46, T. Bonaventura (95), Bungert (10), Celentano (89, 92, 117), Galli (84), Ogando (20/21), Zanettini (5, 26/27); Laif/hemis.fr: B. Gardel (72/73), P. Hauser (49); Laif/Pool Benali: Landmann (114, 115); Look: Richter (6); Look/age fotostock (1 o.); K. Maeritz (82/83, 113, 116 u.); mauritius images/age (90/91, 96); mauritius images/Alamy (9, 17, 54, 64, 77, 78, 109, 110); mauritius images/Cultura (Klappe r.); mauritius images/Imagebroker: R. Kutter (45), M. Wolf (11); mauritius images/Rubberball (3); Mercurio Association (18 u.); Meykadeh: Paolo Cont (18 o.); C. Romig-Ciccarelli (1 u., 7, 112, 112/113); O. Stadler (60, 68 r., 70); M. Thomas (87); T. P. Widmann (68 l.)

14. Auflage 2016
Komplett überarbeitet und neu gestaltet

Chefredaktion: Marion Zorn
Autorin: Caterina Romig Ciccarelli
Redaktion: Marlis v. Hessert-Fraatz
Verlagsredaktion: Susanne Heimburger, Tamara Hub, Nikolai Michaelis, Kristin Schimpf, Martin Silbermann
Bildredaktion: Gabriele Forst
Im Trend: wunder media, München
Kartografie Reiseatlas und Faltkarte: © MAIRDUMONT, Ostfildern
Gestaltung Cover, S. 1, S. 2/3, Faltkartencover: Karl Anders – Büro für Visual Stories, Hamburg; Gestaltung innen: milchhof:atelier, Berlin; Gestaltung Erlebnistouren: Susan Chaaban Dipl.-Des. (FH)
Sprachführer: in Zusammenarbeit mit Ernst Klett Sprachen GmbH, Stuttgart, Redaktion PONS Wörterbücher

Printed in China

BLOSS NICHT

Ein paar Dinge, die Sie in Florenz beachten sollten

SICH VON HAUSNUMMERN VERWIRREN LASSEN

In Florenz gibt es zwei Hausnummern: Mit blauen oder schwarzen Nummern werden die Gebäude nummeriert, rote Nummern dagegen sind neben Geschäften, Restaurants usw. angebracht. Es ist also durchaus möglich, dass sich ein Laden in der Via del Corso 18r, im Haus mit der Nummer 6 befindet!

MIT SCHWEREM GEPÄCK REISEN

Am Hauptbahnhof in Florenz gibt es keine Gepäckwagen und nur wenige Gepäckträger! Auch Schließfächer sucht man vergebens. Und bei der Gepäckaufbewahrung (tgl. 6–24 Uhr) wird jedes Stück einzeln berechnet – also gezielt packen!

IN KIRCHEN ODER KLÖSTERN STÖREN

Betreten Sie Gotteshäuser nicht in unangemessener Kleidung (kurze Hosen, Strandkleidung), und gehen Sie während der Messen oder Andachten nicht redend oder fotografierend herum.

DIE VERKEHRSREGELN IGNORIEREN

Wenn noch vor einigen Jahren kaum ein in Italien ausgestellter Strafzettel bis nach Deutschland gelangte, sieht die Sache heute anders aus: Teuer wird falsches Parken (ab 41 Euro), Rotlichtverstoß und 20 km/h zu schnell (ab 168 Euro), Alkohol am Steuer (ab 500 Euro), Telefonieren ohne Freisprechanlage (ab 161 Euro), außerorts ohne Licht (38 Euro) oder ohne Warnweste im Kofferraum (ab 38 Euro) fahren. Die Innenstadt ist ohne Genehmigung nicht befahrbar, und sehr gut funktionierende Kameras über den Straßen blitzen jedes Fahrzeug!

AUF FÄLSCHUNGEN REINFALLEN

Kaufen Sie niemals von fliegenden Händlern zu Spottpreisen angebotene, angeblich „echte“ Lacostehemden, Louis-Vuitton-Portemonnaies, Guccitaschen, Rolexuhren oder andere perfekt imitierte Markenfälschungen. Sie sind niemals echt, und es wird nicht nur der Verkauf, sondern auch der Kauf dieser Nachahmungen schwer bestraft! Selbst auf den Flughäfen werden Stichproben gemacht.

LANGFINGERN GELEGENHEIT BIETEN

Lassen Sie niemals Handys, Kameras, Kleidungsstücke oder Einkäufe sichtbar im Auto liegen. Auch in den meist brechend vollen Bussen sollten Sie besonders aufmerksam sein.

SCHÜHCHEN ANZIEHEN

Fahren Sie nicht mit unbequemen Schuhen nach Florenz! Die Gassen der Altstadt sind eng und mit handbehauenen Sandsteinplatten gepflastert, die über die Jahrhunderte brüchig, rissig und damit zu richtigen Absatzfallen geworden sind.